Em que creem
os que não creem?

Umberto Eco e
Carlo Maria Martini

Em que creem
os que não creem?

Tradução de
ELIANA AGUIAR

25ª edição

EDITORA RECORD
RIO DE JANEIRO • SÃO PAULO
2025

CIP-Brasil. Catalogação na fonte
Sindicato Nacional dos Editores de Livros, RJ.

E22e
25ª ed.

Eco, Umberto, 1932-2016
Em que creem os que não creem? / Umberto Eco e Carlo Maria Martini; tradução de Eliana Aguiar. — 25ª ed. — Rio de Janeiro: Record, 2025.

Tradução de: In cosa crede chi non crede?
ISBN 978-85-01-05527-9

1. Martini, Carlo Maria, 1927- — Correspondência. 2. Eco, Umberto, 1932- — Correspondência. 3. Religião. 4. Filosofia. I. Martini, Carlo Maria, 1927- . II. Título.

CDD — 200
CDU — 2

99-1599

Título original em italiano:
IN COSA CREDE CHI NON CREDE?

Copyright © Atlantide Editoriale S.r.l.
Publicado em acordo com agência literária Eulama, S.r.l.

Texto revisado segundo o novo Acordo Ortográfico da Língua Portuguesa.

Todos os direitos reservados. Proibida a reprodução, armazenamento ou transmissão de partes deste livro, através de quaisquer meios, sem prévia autorização por escrito.

Direitos exclusivos de publicação em língua portuguesa para o Brasil adquiridos pela
EDITORA RECORD LTDA.
Rua Argentina, 171 — Rio de Janeiro, RJ — 20921-380 — Tel.: (21) 2585-2000, que se reserva a propriedade literária desta tradução.

Impresso no Brasil

ISBN 978-85-01-05527-9

Seja um leitor preferencial Record
Cadastre-se em www.record.com.br e receba informações de nossos lançamentos e nossas promoções.

EDITORA AFILIADA

Atendimento e venda direta ao leitor:
sac@record.com.br

SUMÁRIO

7 Este livro

I. *Diálogos*

11 UMBERTO ECO, A obsessão laica pelo novo Apocalipse.

19 CARLO MARIA MARTINI, A esperança faz do Fim "um fim".

27 UMBERTO ECO, Quando tem início a vida humana?

35 CARLO MARIA MARTINI, A vida humana participa da vida de Deus.

43 UMBERTO ECO, Os homens e as mulheres segundo a Igreja.

57 CARLO MARIA MARTINI, A Igreja não satisfaz expectativas, celebra mistérios.

EM QUE CREEM OS QUE NÃO CREEM?

69 CARLO MARIA MARTINI, Onde o leigo encontra a luz do bem?

79 UMBERTO ECO, Quando o outro entra em cena, nasce a ética.

II. *Coro*

93 EMANUELE SEVERINO, A técnica é o ocaso de qualquer boa-fé.

105 MANLIO SGALAMBRO, O bem não pode basear-se em um Deus homicida.

109 EUGENIO SCALFARI, Para agir moralmente, confiemos no instinto.

119 INDRO MONTANELLI, Da ausência de fé como injustiça.

123 VITTORIO FOA, Como vivo no mundo, eis o meu fundamento.

127 CLAUDIO MARTELLI, O credo laico do humanismo cristão.

III. *Retomada*

145 CARLO MARIA MARTINI, Mas a ética precisa da verdade.

155 Índice.

ESTE LIVRO

Este livro inaugura a coleção "Veredas" da revista *liberal*, que nasce para tornar autônomas e ainda mais visíveis as grandes diretrizes de pesquisa em que a revista empenha as próprias energias, unidas às contribuições de vários importantes colaboradores.

O diálogo epistolar entre o cardeal Carlo Maria Martini e Umberto Eco, que compõe a primeira parte do livro, iniciou-se no primeiro número de *liberal* — publicado em 22 de março de 1995 — e prosseguiu com cadência trimestral. As oito cartas desta correspondência pública — trocada e entregue com admirável pontualidade pelos dois missivistas — foram datadas aqui com o mês de sua efetiva escritura.

O interesse suscitado junto aos leitores e o destaque obtido na imprensa pelos temas desenvolvidos no curso de um ano — sobretudo o último, o mais amplo e temerário — nos aconselharam a alargar a discussão até

◆ 7 ◆

EM QUE CREEM OS QUE NÃO CREEM?

interlocutores envolvidos na questão a vários títulos: dois filósofos, dois jornalistas, dois homens políticos. Suas "variações" foram publicadas no nº 12 (março de 1996).

Enfim, ao cardeal Martini foi proposta não uma (impossível) conclusão ou síntese, mas uma "retomada" de alguns pontos significativos. Uma réplica com função de esclarecimento e, por que não, de ulterior desdobramento.

Os escritos aqui reunidos reproduzem exatamente os textos da primeira edição, corrigidos os poucos erros de impressão e novamente titulados aos cuidados da redação.

♦ 8 ♦

I

Diálogos

A OBSESSÃO LAICA PELO NOVO APOCALIPSE

Caro Carlo Maria Martini,

não me considere desrespeitoso se me dirijo ao senhor chamando-o por seu nome próprio, sem referir-me às vestes que enverga. Entenda-o como um ato de homenagem e de prudência. De homenagem, pois sempre me impressionou o modo como os franceses, quando entrevistam um escritor, um artista, uma personalidade política, evitam usar apelativos redutivos, como professor, eminência, ou ministro. Há pessoas cujo capital intelectual é dado pelo nome com que assinam as próprias ideias. Assim, os franceses se dirigem a qualquer pessoa cujo maior título é o próprio nome, com *"diga-me,* Jacques Maritain", *"diga-me,* Claude Lévi-Strauss". É o reconhecimento de uma autoridade que se manteria mesmo se o sujeito não tivesse se tornado embaixador ou acadêmico da França. Se eu tivesse que me dirigir a Santo Agostinho (e também por essa vez, não me julgue excessivamente irreverente), não

♦ *11* ♦

o chamaria de "Senhor Bispo de Hipona" (pois muitos outros depois dele também foram bispos daquela cidade), mas de "Agostinho de Tagasta".

Ato de prudência, eu disse também. De fato, poderia parecer embaraçoso o que esta revista solicitou-nos, a ambos, isto é, uma troca de opiniões entre um leigo e um cardeal. Poderia dar a impressão de que o leigo induzia o cardeal a exprimir pareceres como Príncipe da Igreja e pastor de almas, o que seria uma violência contra quem é chamado a responder e contra quem ouve a resposta. Melhor que o diálogo se apresente como aquilo que, nas intenções da revista que nos convocou, pretende ser: uma troca de reflexões entre homens livres. Por outro lado, dirigindo-me ao senhor desta maneira, pretendo sublinhar o fato de ser o senhor considerado um mestre da vida intelectual e moral mesmo por aqueles leitores que não se sentem vinculados a nenhum magistério que não o da justa razão.

Superados os problemas de etiqueta, permanecem os da ética, pois considero que é principalmente deles que deveríamos tratar no curso de um diálogo que pretende encontrar alguns pontos comuns entre o mundo católico e o mundo laico (eu não consideraria realista abrir, nestas páginas, um debate sobre o *Filioque*).*

---

*"E do filho", em latim. O símbolo de Niceia, instituído pelo Concílio de Niceia em 325, rezava em seu artigo sobre o Espírito Santo: "(Creio) também no Espírito Santo (...), que procede do Pai". A expressão *filioque*, acrescentada pela Igreja latina, tem sido constantemente rejeitada pela Igreja ortodoxa, constituindo forte obstáculo à reaproximação com a Igreja romana. (*N. da T.*)

Mas também, tendo sido chamado para o primeiro movimento (que é sempre o mais embaraçoso), não creio que devamos nos empenhar em questões de imediata atualidade — talvez aquelas sobre as quais posições demasiado divergentes poderiam delinear-se mais imediatamente. Melhor olhar mais longe e tocar em um argumento que é, sim, de atualidade, mas mergulha suas raízes bem longe e foi motivo de fascínio, temor e esperança para todos aqueles que pertencem à família humana, no curso dos dois últimos milênios.

Eu disse a palavra-chave. De fato, estamos nos aproximando do final do segundo milênio; e espero que ainda seja politicamente correto, na Europa, contar os anos que contam a partir de um evento que certamente influiu — incluindo até mesmo fiéis de outras religiões, ou de nenhuma — profundamente na história de nosso planeta. O aproximar-se desse prazo não pode senão evocar uma imagem que dominou o pensamento de vinte séculos: o Apocalipse.

A vulgata histórica nos diz que os anos finais do primeiro milênio foram marcados obsessivamente pelo pensamento do fim dos tempos. É verdade que, hoje em dia, os historiadores deixaram de lado, como lenda, os famigerados "terrores do Ano Mil", a visão das multidões gementes que esperavam uma aurora que jamais se faria ver. Mas nos dizem, por outro lado, que o pensamento do fim precedeu em alguns séculos aquele dia fatal e, coisa ainda mais curiosa, o seguiu. E a partir daí tomaram forma os vários *milenarismos* do segundo milênio, que não tiveram ligação apenas com movimentos religiosos, ortodoxos ou heréticos que fossem: tende-se hoje a classificar como forma de quiliasmo muitos movimentos políticos e sociais, de cunho laico e até mesmo ateus, que pretendiam apressar violentamente o fim dos tempos não para dar realidade à Cidade de Deus, mas a uma nova Cidade Terrena.

Livro bífido e tremendo é o Apocalipse de João, com a sequela de Apocalipses apócrifos a que se associa — apócrifos para os cânones, mas autênticos pelos efeitos, paixões, terrores e movimentos que suscitaram. O Apocalipse pode ser lido como uma promessa, mas também como o anúncio de um fim, e assim tem sido reescrito a cada passo, à espera do ano Dois Mil, até mesmo por aqueles que não o leram: não mais as sete trombetas, e as tempestades de pedra e fogo, e o mar que se transforma em sangue, e a queda das estrelas, e os gafanhotos que surgem em meio à fumaça do poço dos abismos e os exércitos de Gog e Magog, e a Besta que surge do mar; mas o multiplicar-se de depósitos nucleares hoje descontrolados e incontroláveis, e as chuvas ácidas, e a Amazônia que desaparece, e o buraco no ozônio, e a migração de hordas deserdadas que saem a bater, às vezes com violência, às portas do bem-estar, e a fome de continentes inteiros, e novas incuráveis pestilências, e a destruição interesseira do solo, e os climas que se modificam, e as geleiras que derreterão, e a engenharia genética que construirá nossos *replicantes*, e, para o ecologismo místico, o suicídio necessário da própria humanidade, que deverá perecer para salvar as espécies que quase destruiu, a mãe Gaia que desnaturou e sufocou.

Estamos vivendo (nem que seja da maneira desatenta a que fomos habituados pelos meios de comunicação de massa) os nossos terrores do fim; e poderíamos até mesmo dizer que o fazemos no espírito do *bibamus*, *edamus*, *cras moriemus*, celebrando o fim das ideologias e da solidariedade, na voragem de um consumismo irresponsável. Assim, cada um joga com o fantasma do Apocalipse, ao mesmo tempo em que o exorciza — quanto mais inconscientemente o teme, mais o exorciza e o projeta nas telas em forma de espetáculo cruento, esperando assim torná-lo irreal. Mas a força dos fantasmas está justamente em sua irrealidade.

Arrisco dizer que o pensamento do fim dos tempos é, hoje, mais típico do mundo laico do que do mundo cristão. Ou seja, o mundo cristão faz dele objeto de meditação, mas se move como se fosse justo projetá-lo em uma dimensão que não se mede com calendários; o mundo laico finge ignorá-lo, mas é substancialmente obcecado por ele. E isto não é um paradoxo, pois não é senão a repetição de tudo o que aconteceu nos primeiros mil anos.

EM QUE CREEM OS QUE NÃO CREEM?

Não me deterei em questões exegéticas que o senhor conhece melhor do que eu, mas lembrarei aos leitores que a ideia do fim dos tempos surgiu em uma das passagens mais ambíguas do texto de João, o capítulo 20, que deixava entrever o seguinte "cenário": com a encarnação e a Redenção, Satanás fora feito prisioneiro, mas *depois de mil* anos retornaria e, nesse momento, deveria acontecer o embate final entre as forças do bem e as forças do mal, coroado pelo retorno de Cristo e pelo Juízo Final. Seguramente, João fala de mil anos. Mas alguns dos Padres da Igreja já tinham escrito que mil anos para o Senhor são um dia, ou um dia, mil anos, e que, portanto, a conta não deveria ser feita ao pé da letra; já em Agostinho a leitura do trecho vai privilegiar um sentido "espiritual". Tanto o milênio quanto a Cidade de Deus não são eventos históricos, mas místicos, e o Armagedom não é desta terra; não se nega, é certo, que um dia a história poderá se cumprir, quando o Cristo descer para julgar os vivos e os mortos, mas o que é acentuado não é o *fim* do século, mas seu *proceder*, dominado pela ideia reguladora (e não de prazo histórico) da Parúsia.

Com este movimento, não apenas Agostinho, mas a patrística em seu conjunto, dá ao mundo a ideia de História como percurso para adiante, ideia essa que era estranha ao mundo pagão. Mesmo Hegel e Marx são devedores desta ideia fundamental, assim como Teillard de Chardin seria seu continuador. O cristianismo inventou a história e, efetivamente, é o moderno Anticristo quem a denuncia como doença. Eventualmente, o historicismo laico entendeu esta história como infinitamente perfectível, de modo que o amanhã aperfeiçoaria o hoje, sempre e sem reservas, e no curso da própria história Deus se faria e, por assim dizer, educaria e enriqueceria a si mesmo. Mas esta não é a ideologia de todo o mundo laico que soube também ver suas regressões e loucuras; contudo, há uma visão originalmente cristã da história, todas as vezes em que este caminho é percorrido sob o signo da Esperança. De maneira que, mesmo sabendo julgar a história e seus horrores, se é fundamentalmente cristão seja quando, com Mounier, se fala de otimismo trágico; seja quando, com Gramsci, se fala de pessimismo da razão e otimismo da vontade.

Considero que estamos diante de um milenarismo desesperado todas as vezes em que o fim dos tempos é visto como inevitável, em que qualquer esperança cede lugar a uma celebração do fim da história ou ao apelo ao retorno a uma Tradição atemporal e arcaica que nenhum ato de vontade e nenhuma reflexão, já não digo racional, mas razoável, poderia enriquecer. Daí nasce a heresia gnóstica (mesmo em suas formas laicas), para a qual o mundo e a história são frutos de um erro e somente alguns eleitos, destruindo os dois, poderiam redimir o próprio Deus; daí nascem as várias formas

EM QUE CREEM OS QUE NÃO CREEM?

de super-homismo, para os quais, na cena miserável do mundo e da história, somente os adeptos de uma raça ou seita privilegiada poderiam celebrar seus flamejantes holocaustos.

Só tendo um sentido da direção da história (mesmo para quem não acredita na Parúsia) é possível amar as realidades terrenas e acreditar — com caridade — que ainda há lugar para a Esperança.

Há uma noção de esperança (e de responsabilidade em relação ao amanhã) que pode ser comum a crentes e não crentes? Ainda em que poderia basear-se? Que função crítica pode assumir um pensamento do fim que não implique desinteresse pelo futuro, mas sim um julgamento constante dos erros do passado?

Do contrário, seria justo que, mesmo sem pensar no fim, aceitássemos que ele se aproxima, nos instalássemos diante da televisão (sob a proteção de nossas fortalezas eletrônicas) e esperássemos que alguém *nos divertisse*, enquanto as coisas seguiriam como estão. E ao Diabo os que virão.

Umberto Eco
março de 1995

A ESPERANÇA FAZ DO FIM "UM FIM"

Caro Umberto Eco,

estou perfeitamente de acordo com o fato de o senhor se dirigir a mim usando o nome com que fui registrado e, portanto, faço o mesmo. O Evangelho não é muito benevolente com as titulagens ("mas vós, não sejais chamados 'rabi'... e não chameis a ninguém na terra de 'pai'... tampouco sejais chamados 'mestres'", Mateus 23, 8-10). Assim fica ainda mais claro, como disse o senhor, que esta é uma troca de reflexões feita entre nós com plena liberdade, sem peias e sem envolvimento das funções de cada um. Mas é uma troca que eu espero frutífera, pois é importante focalizar com franqueza as nossas preocupações comuns e ver como esclarecer as diferenças, pondo a nu aquilo que existe de realmente divergente entre nós.

Estou de acordo também em "olhar um pouco mais longe" neste primeiro diálogo.

♦ *19* ♦

EM QUE CREEM OS QUE NÃO CREEM?

Os problemas éticos estão, certamente, entre aqueles que mais imediatamente nos preocupam. Mas as manchetes que mais impressionam a opinião pública (refiro-me em particular àquelas que se referem à bioética) são muitas vezes eventos "de fronteira", em que é preciso, acima de tudo, compreender do que se trata do ponto de vista científico antes de fazer juízos morais precipitados, sobre os quais é fácil nascer a divergência. É importante individuar, antes de mais nada, os grandes horizontes entre os quais forma-se o nosso juízo. É a partir deles que é possível perceber também os porquês de avaliações práticas conflitantes.

O senhor coloca, então, o problema da esperança e, portanto, do futuro do homem ao aproximar-se do segundo milênio. O senhor evoca aquelas imagens apocalípticas das quais se diz que fizeram tremer as multidões por volta do fim do primeiro milênio. Mesmo se isso não for verdade, é bem elaborado, pois o medo do futuro existe e os milenarismos reproduziram-se incessantemente nos séculos, seja sob formas sectárias, seja naqueles quialismos implícitos que animam o âmago dos grandes movimentos utópicos. Hoje, além do mais, as ameaças ecológicas estão tomando o lugar das fantasias do passado e sua cientificidade as torna ainda mais apavorantes.

Mas o que tem a ver o *Apocalipse*, último da coleção de livros do Novo Testamento, com tudo isso? Podemos realmente definir este livro como um reservatório de imagens de terror que evocam um fim trágico e iminente? Apesar da semelhança de tantas páginas do *Apocalipse* dito de João com numerosos outros escritos daqueles séculos, sua chave de leitura é diversa. Esta é dada pelo contexto do Novo Testamento, em que tal livro foi (não sem resistências) acolhido.

Tentarei explicar-me. Nos apocalipses o tema dominante é, em geral, uma fuga do presente para refugiar-se em um futuro que, revolucionando as estruturas atuais do mundo, instaure com vigor uma ordem de valores definitiva, conforme às esperanças e expectativas de quem escreve o livro. Existem, por trás da literatura apocalítica, grupos humanos oprimidos por graves sofrimentos religiosos, sociais e políticos que, não vendo saída na ação imediata, se projetam na espera de um tempo em que as forças cósmicas se abateriam sobre a terra para derrotar todos os inimigos. Neste sentido, é preciso dizer que cada apocalipse carrega uma grande carga utópica, uma grande reserva de esperança, combinada, porém, com um conformismo desolado em relação ao presente.

Agora talvez seja possível recuperar algo semelhante por trás de cada um dos documentos depois reunidos no livro hodierno do Apocalipse. Mas na medida em que o livro é lido em uma perspectiva cristã, à luz dos Evangelhos, isso muda de figura e de sentido. Torna-se não mais a projeção de frustrações do presente, mas o prolongamento da experiência de plenitude ou, em outras palavras, de "salvação" realizada pela igreja primitiva. Não há nem haverá potência humana ou satânica que possa se opor à esperança do crente.

Neste sentido, estou de acordo com o senhor quando diz que o pensamento do fim dos tempos é, hoje, mais típico do mundo laico do que do mundo cristão.

O mundo cristão foi, ele também, percorrido por frêmitos apocalíticos que são, em parte, ligados aos obscuros versículos do *Apocalipse* 20: "Acorrentou a serpente antiga por mil anos... as almas dos decapitados... retornaram à vida e reinaram com Cristo por mil anos." Houve uma corrente da tradição antiga que interpretava estes versículos ao pé da letra, mas semelhante milenarismo literal não alcançou cidadania na grande Igreja. Prevaleceu o sentido simbólico destes textos, que neles lê, como em outras páginas do *Apocalipse*, uma projeção para o futuro daquela vitória que os primeiros cristãos sentiram estar vivendo no presente graças à sua esperança.

É assim que a história foi vista, sempre mais claramente, como um caminho em direção a uma meta exterior, não imanente a ela. Poderíamos traduzir esta visão com uma tríplice convicção: 1) a história tem um sentido, uma direção de caminho, não é um cúmulo de fatos absurdos e vãos; 2) este sentido não é puramente imanente, mas se projeta além dela, sendo, portanto, objeto não de cálculo, mas de esperança; 3) esta visão não esgota, mas solidifica o sentido dos eventos contigentes: estes são o lugar ético no qual se decide o futuro meta-histórico da aventura humana.

Até aqui vejo que temos dito muitas coisas semelhantes, embora com acentos diversos e referências a fontes diversas. Alegra-me esta consonância sobre o "sentido" que tem a história que faz com que (cito palavras suas) "seja possível amar as realidades terrenas e acreditar — com caridade — que ainda existe um lugar para a Esperança".

Mais difícil é responder à pergunta sobre se existe uma "noção" de esperança (e de responsabilidade em relação ao amanhã) que possa ser comum a crentes e não crentes. Ela deve existir de alguma maneira, na prática, pois é possível ver crentes e não crentes vivendo o presente, dando-lhe sentido e empenhando-se com responsabilidade. Isto é particularmente visível quando alguém se coloca, gratuitamente, por sua conta e risco, a serviço de valores elevados, sem nenhuma retribuição visível. Quer dizer, portanto, que existe um *húmus* profundo que crentes e não crentes, pensantes e responsáveis, alcançam, sem que, no entanto, consigam dar-lhe um mesmo nome. No momento dramático da ação importam mais as coisas do que o nome, e nem sempre vale a pena levantar uma *quaestio di nomine* quando se trata de defender e promover valores essenciais para a humanidade.

♦ 23 ♦

Mas é óbvio que para um crente, em particular católico, os nomes das coisas têm importância, pois não são arbitrários, mas frutos de um ato de inteligência e compreensão que, partilhado com um outro, leva ao reconhecimento, também teórico, de valores comuns. Considero que ainda há aqui muita estrada a percorrer e que esta estrada se chama exercício de inteligência e coragem ao perquirir juntos as coisas simples. Quão frequentemente Jesus diz nos Evangelhos: "Aquele que tem ouvidos para escutar, escute!... Prestai atenção!... não percebestes e não compreendestes ainda?" (Marcos 4,9; 8,17 etc.). Ele não faz apelo a teorias filosóficas ou a disputas entre escolas, mas àquela inteligência que é dada a cada um de nós para compreender o sentido dos acontecimentos e orientar-se. Cada mínimo progresso neste entendimento sobre as grandes coisas simples assinalaria um passo adiante também no compartilhar das razões da esperança.

Tocou-me ainda uma provocação final de sua carta: que função crítica pode assumir um pensamento do fim que não implicasse desinteresse pelo futuro, mas um julgamento constante dos erros do passado? Parece-me claro que não é somente o pensamento de um fim iminente que pode ajudar-nos a avaliar criticamente o que já houve. Este seria, no máximo, fonte de temor, de medo, de fechamento sobre si mesmo ou de fuga para um futuro "diferente", exatamente como na literatura apocalíptica.

DIÁLOGOS

Para que um pensamento do fim nos torne atentos ao futuro, assim como ao passado a ser revisto criticamente, é necessário que este fim seja "um fim", tenha o caráter de um valor final decisivo, capaz de iluminar os esforços do presente e dar-lhes significado. Se o presente tem sentido em relação a um valor final reconhecido e apreciado, que eu posso antecipar com atos de inteligência e de escolha responsável, isso me permite refletir também, sem angústia, sobre os erros do passado. Sei que estou a caminho, entrevejo alguma coisa da meta, pelo menos em seus valores essenciais, sei que me foi dada a possibilidade de corrigir-me e aprimorar-me. A experiência mostra que só é possível arrepender-se de alguma coisa quando se pode entrever a possibilidade de fazer melhor. Fica amarrado a seus erros aquele que não os reconhece como tais, pois não entrevê nada de melhor diante de si, perguntando-se então por que deveria deixar o que já tem.

Todos estes me parecem ser modos de conjugar aquela palavra "Esperança" que eu talvez não tivesse tido a ousadia de escrever com maiúscula não fosse o seu exemplo. Ainda não é, portanto, o momento de deixar-se embriagar pela televisão, esperando o fim. Ainda há muito a fazer juntos.

Carlo Maria Martini
março de 1995

◆ *25* ◆

QUANDO TEM INÍCIO A VIDA HUMANA?

Caro Carlo Maria Martini,

segundo as propostas iniciais desta revista, reapresenta-se a ocasião de nosso colóquio trimestral. O objetivo destas trocas epistolares é demarcar um terreno comum de discussão entre leigos e católicos (em que o senhor, recordo, fala como homem de cultura e crente, e não nas vestes de Príncipe da Igreja). Mas pergunto-me se devemos procurar apenas pontos de consenso. Vale a pena nos perguntarmos mutuamente o que pensamos da pena de morte ou do genocídio, para descobrirmos que sobre certos valores há um acordo profundo? Se deve haver diálogo, deverá desenvolver-se também sobre esses limites em que não há consenso. Mas não basta: que um leigo não acredite na Presença real e, obviamente, um católico o faça não constitui razão de incompreensão, mas de respeito mútuo pelas respectivas crenças. O ponto crítico está lá onde, do dissenso, podem nascer discordâncias e incompreensões mais profundas, que se traduzem no plano político e social.

Um desses pontos críticos é o apelo ao valor da vida diante da legislação existente sobre a interrupção da gravidez.

Quando se enfrentam problemas dessa importância é preciso pôr as cartas na mesa para evitar equívocos: quem levanta a questão deve esclarecer em que perspectiva a coloca e o que se espera do interlocutor. Eis, portanto, o primeiro esclarecimento: nunca me aconteceu, diante de uma mulher que se declarasse grávida graças à minha colaboração, de aconselhar-lhe o aborto ou de concordar com sua vontade de abortar. Se tal coisa tivesse acontecido, eu teria feito de tudo para persuadi-la a dar vida àquela criatura, qualquer que fosse o preço que, juntos, devêssemos pagar. E isto porque considero que o nascimento de uma criança é uma coisa maravilhosa, um milagre natural ao qual se deve aderir. E todavia, não me sentiria no direito de impor esta minha posição ética (esta minha disposição passional, esta minha convicção intelectual) a quem quer que fosse. Considero que existem momentos terríveis, dos quais nós todos sabemos pouquíssimo (portanto, abstenho-me de qualquer tipologia ou casuística), nos quais uma mulher tem o direito de tomar uma decisão autônoma que diz respeito a seu corpo, a seus sentimentos, a seu futuro.

DIÁLOGOS

Contudo, outros defendem o direito à vida: se em nome do direito à vida não podemos permitir que ninguém mate um seu próprio semelhante, e sequer que mate a si próprio (não me meto a discutir os limites da legítima defesa), também não podemos permitir que se interrompa o caminho de uma vida iniciada.

E passemos ao segundo esclarecimento: seria malicioso se eu — nesta ocasião — o convidasse a exprimir seu parecer ou a invocar o Magistério da Igreja. Eu o convido sobretudo a comentar algumas das reflexões que proponho e a trazer-nos esclarecimentos acerca do estado atual da doutrina. A bandeira da Vida, quando tremula, não pode senão comover todos os espíritos. E mais que todos, permito-me dizer, aquele dos não crentes e mesmo aquele dos ateus mais "fideístas", pois estes são os que, não acreditando em nenhuma instância sobrenatural, encontram na ideia da Vida, no sentimento da Vida, o único valor, a única fonte de uma ética possível. Contudo, não há conceito mais fugidio, mais nuançado, ou como soem dizer os lógicos, mais *fuzzy*. Como já sabiam os antigos, a vida se reconhece não somente lá onde há uma aparência de alma intelectiva, mas também onde existe uma manifestação de alma sensitiva e vegetativa. Aliás, hoje existem aqueles que se definem como ecologistas radicais para quem há vida na própria Mãe terra, com seus montes e seus vulcões, a ponto de se perguntarem se a espécie humana não

♦ 29 ♦

EM QUE CREEM OS QUE NÃO CREEM?

deveria desaparecer para que o planeta (ameaçado por ela) possa sobreviver. Há os vegetarianos, que renunciam ao respeito pela vida vegetal para proteger a vida animal. Há os ascetas orientais que protegem a boca para não engolir e destruir microrganismos invisíveis.

Recentemente, em um convênio, o antropólogo africano Harris Memel-Fote recordava que o comportamento normal no mundo ocidental tem sido *cosmofágico* (belo termo: tendíamos e tendemos a devorar o universo); agora devemos nos dispor (e algumas civilizações o fizeram) a alguma forma de *negociação*: trata-se de ver o que o homem pode fazer à natureza para sobreviver e aquilo que não deve fazer para que esta sobreviva. Quando existe negociação é porque ainda não há uma regra fixa: negocia-se para estabelecer alguma. Pois eu acredito que, com exceção de determinadas posições extremistas, nós negociamos sempre (e mais emocional do que intelectualmente) o nosso conceito de respeito à vida.

A maior parte entre nós sentiria horror se tivesse que sangrar um porco, mas todos comemos presunto tranquilamente. Eu jamais esmagaria uma centopeia em um gramado, mas me comporto com violência em relação às moscas. Consigo fazer discriminação entre uma abelha e uma vespa (embora ambas me ameacem e talvez porque reconheça na primeira virtudes que não reconheço na segunda). Deveríamos dizer que, se fugaz é o nosso conceito de vida vegetal ou animal, não o é aquele de vida humana. E no entanto, o problema tem perturbado teólogos e filósofos no decorrer dos séculos. Se porventura um símio adequadamente educado (ou geneticamente manipulado), demonstrasse condições, não digo de falar, mas de digitar proposições sensatas em um computador, sustentando um diálogo, manifestando afetos, memória, capacidade de resolver problemas matemáticos, de reagir aos princípios lógicos da identidade e do terceiro excluído, seria considerado um ser quase humano? Teria direitos civis reconhecidos? Seria considerado humano porque pensa e ama? No entanto, não consideramos necessariamente humano quem ama e, de fato, matamos animais mesmo sabendo que a mãe "ama" a sua própria prole.

Quando tem início a vida humana? Existe (hoje, sem voltar aos costumes espartanos) algum não crente que afirme que um ser só é humano quando a cultura o inicia na humanidade, dotando-o de linguagem e pensamento articulado (únicos acidentes externos através dos quais, segundo Santo Tomás, é inferível a presença da racionalidade humana e, consequentemente, uma das diferenças específicas da natureza humana) e, portanto, não é delito matar uma criança recém-nascida por ser ela apenas e justamente um "infante"? Não creio. Todos já consideram como ser humano o recém-nascido ainda ligado ao cordão umbilical. De quanto é possível retroceder? Se vida e humanidade já estão no sêmen (ou até mesmo no programa genético), podemos considerar que o desperdício de sêmen é um delito comparável ao homicídio? Certamente, o confessor indulgente de um adolescente em tentação não o diria, mas também as Escrituras não o dizem. No Gênesis, o pecado de Caim é condenado através de uma explícita maldição divina, enquanto o de Onã resulta em sua morte natural por ter se subtraído ao dever de dar a vida. Por outro lado, e o senhor sabe disso melhor do que eu, o Traducianismo pregado por Tertuliano, para quem a alma (e com ela o pecado original) é transmitida através do sêmen, foi repudiado pela Igreja. Se Santo Agostinho ainda tentava mitigá-lo com uma forma de Traducionismo *espiritual*, pouco a pouco impôs-se o Criacionismo, segundo o qual a alma é introduzida no feto diretamente por Deus, em um momento dado da criação.

Santo Tomás despendeu tesouros de sutileza para explicar como e por que tem que ser assim — daí nasceu uma longa discussão sobre como o feto passa por fases puramente vegetativas e sensitivas e, apenas ao cumpri-las, está pronto para receber, de fato, a alma intelectiva (acabei de reler as belas questões tanto da *Summa*, quanto do *Contra gentes*); e não vou aqui relembrar os longos debates que foram encetados para decidir em que fase da gravidez esta "humanização" definitiva acontece (mesmo porque não sei até que ponto a teologia atual continua disposta a tratar da questão em termos aristotélicos de potência e ato). O que quero dizer é que no interior mesmo da teologia cristã colocou-se o problema do limiar (sutilíssimo) além do qual aquilo que era hipótese, um germe — um escuro articular-se de vida, ainda ligado ao corpo materno, um maravilhoso anelar à luz, não diverso do sêmen vegetal que, nas profundezas da terra, tenta tornar-se flor — deve, a um certo ponto, ser reconhecido como *animal rationale*, embora *mortale*. E o não crente se coloca o mesmo problema, disposto a reconhecer que daquela hipótese inicial nasce, de qualquer forma e sempre, um ser humano. Não sou biólogo (assim como não sou teólogo) e não me sinto em condições de fazer qualquer afirmação sensata sobre este limiar, se é que, de fato, existe um. Não há uma teoria matemática das catástrofes capaz de nos dizer se existe um ponto de guinada, de explosão súbita: talvez estejamos condenados a saber apenas que existe um processo, que seu resultado final é o milagre do recém--nascido e que o momento em que se teria o direito de intervir nesse processo e em que não seria mais lícito fazê-lo não pode ser esclarecido, nem discutido. Logo, tanto não tomar jamais tal decisão, quanto tomá-la é um risco pelo qual a mãe responde apenas ou diante de Deus ou diante do tribunal da própria consciência e da humanidade.

Eu disse que não pretendia pedir-lhe um pronunciamento. Peço-lhe para comentar a apaixonada vivência de alguns séculos de teologia sobre uma pergunta que está na base mesma de nosso próprio reconhecimento como consórcio humano. Qual é o estado atual do debate teológico em questão, agora que a filosofia não concorre mais com a física aristotélica, mas com as certezas (e as incertezas!) da ciência experimental moderna? O senhor sabe que tais questões não implicam somente uma reflexão sobre o aborto, mas uma série dramática de questões novíssimas, como, por exemplo, a engenharia genética e a bioética discutidas hoje por todos, crentes ou não. Como se posiciona o teológo diante do criacionismo clássico hoje?

Definir o que seja, e onde tem início, a vida é questão em que está em jogo a nossa vida. Colocar-me estas questões é um duro peso moral, intelectual e emotivo — creia — para mim também.

Umberto Eco
junho de 1995

A VIDA HUMANA PARTICIPA DA VIDA DE DEUS

Caro Umberto Eco,

o senhor se reporta, justamente, no início de sua carta, ao objetivo deste colóquio epistolar. Trata-se de individuar um terreno de discussão comum entre leigos e católicos, enfrentando também os pontos em que não há consenso. Sobretudo aqueles pontos dos quais nascem incompreensões profundas, que se traduzem em conflitos no plano político e social. Estou de acordo, desde que se tenha a coragem de desmascarar, antes de mais nada, os mal-entendidos que estão nas raízes de tais incompreensões. Então será mais fácil debater as verdadeiras diferenças. E isto com tão maior paixão e sinceridade, quanto mais cada um se deixar envolver e questionar pelo tema tratado, disposto a "responder pessoalmente". Por isso aprecio muito o seu primeiro esclarecimento sobre o tema da Vida: o nascimento de um bebê é "uma coisa maravilhosa, um milagre natural ao qual se deve aderir".

♦ *35* ♦

EM QUE CREEM OS QUE NÃO CREEM?

A partir desta evidência reconheçamos também que o tema da Vida (direi depois alguma coisa sobre esta maiúscula de sua escolha) é certamente um dos pontos críticos de conflito, em especial no que se refere à legislação sobre a interrupção da gravidez. Mas já aqui temos uma primeira fonte de mal-entendidos. Uma coisa é falar da vida humana e de sua defesa do ponto de vista ético, outra é perguntar de que maneira concreta uma legislação poderá defender da melhor maneira estes valores em determinada situação civil e política. Outra fonte de mal-entendidos é o que o senhor chama de "a bandeira da Vida", que "quando tremula, não pode senão comover todos os espíritos". Creio que estamos de acordo sobre o fato de que as bandeiras são úteis para indicar grandes ideais de ordem geral, mas que não servem muito para resolver questões complexas em que emergem conflitos de valor no âmbito dos próprios ideais. Neste ponto, precisamos de uma reflexão atenta, pacata, sensível, paciente. Os confins são sempre terrenos infindos. Mas recordo-me que, quando rapaz, fazendo um passeio nas montanhas de fronteira do vale do Aosta, me surpreendia pensando qual seria realmente o ponto exato do limite entre duas nações. Não via como aquilo pudesse ser humanamente determinável. Entretanto, as nações existiam, e bem diferentes.

Terceira fonte de mal-entendidos é, na minha opinião, a confusão entre o uso amplo, "analógico" (assim diriam

DIÁLOGOS

os Escolásticos, e os cito com confiança, já que o senhor acaba de assegurar que vem de reler algumas páginas da *Summa* e do *Contra Gentes*) do termo "Vida" e o uso restrito e próprio do termo "vida humana". No primeiro sentido se incluem todos os viventes no céu, na terra e sob a terra, e muitas vezes a própria "Mãe Terra" em seus sobressaltos, em sua fecundidade, em sua respiração. O hino ambrosiano da noite de quinta-feira diz, referindo-se ao primeiro capítulo de Gênesis: "Ao quarto dia tudo aquilo que vive/ extraístes, ó Deus, das águas primordiais:/ deslizam os peixes no mar/ os pássaros percorrem os ares." Mas não é este conceito amplo de "Vida" que está em questão, por mais que aí também possam existir diferenças culturais e até mesmo religiosas. O espinhoso problema ético refere-se à "vida humana".

Mas também sobre este ponto é necessário que se faça luz. Muitas vezes se pensa e se escreve que a vida humana é, para os católicos, o valor supremo. Tal modo de exprimir-se é, no mínimo, impreciso. Não corresponde aos Evangelhos, que dizem: "não fiqueis temerosos dos que matam o corpo, mas não podem matar a alma" (Mateus, 10,28). A vida que tem valor supremo para os Evangelhos não é aquela física e sequer a psíquica (para as quais os Evangelhos usam os termos gregos *bios* e *psyché*), mas a vida divina comunicada ao homem (para a qual é usado o termo *zoé*). Os três termos são acuradamente distinguidos no Novo Testamento e os

◆ *37* ◆

dois primeiros são subordinados ao terceiro: "Quem ama a sua vida (*psyché*) a perde e quem odeia a sua vida (*psyché*), deste modo a conservará para a vida eterna (*zoé*)" (João 12,25). Por isso, quando dizemos "Vida" com maiúscula devemos entender, antes de tudo, a suprema e concretíssima Vida e Ser que é o próprio Deus. É esta a vida que Jesus atribui a si ("Eu sou o caminho, a Verdade e a Vida", João 14,6) e da qual cada homem e cada mulher é chamado a participar. Assim, o valor supremo é o homem vivente da vida divina.

Daí se depreende o valor da vida humana física na concepção cristã: é a vida de uma pessoa chamada a participar da vida do próprio Deus. Para um cristão o respeito da vida humana desde a primeira individuação não é um sentimento genérico (o senhor fala de "disposição pessoal", de "persuasão intelectual"), mas o encontro com uma responsabilidade precisa: a deste vivente humano concreto cuja dignidade não está confiada apenas a uma avaliação benevolente minha ou a um impulso humanitário, mas a um chamado divino. É algo que não é apenas "eu" ou "meu" ou "dentro de mim", mas diante de mim.

Mas quando é que estamos diante de um vivente concreto que posso chamar de humano, sobre o qual pousa a benevolência divina? O senhor recorda justamente que "todos consideram já como ser humano o recém-nascido ainda ligado ao cordão umbilical". Mas "de quanto é

DIÁLOGOS

possível retroceder"? Onde está o "limiar"? O senhor se refere justamente às sutis reflexões de Tomás sobre as diversas fases do desenvolvimento do vivente. Não sou filósofo, nem biólogo e não quero adentrar-me em tais questões. Mas todos sabemos que hoje se conhece melhor o dinamismo do desenvolvimento humano e a clareza de suas determinações genéticas a partir de um ponto que, pelo menos teoricamente, pode ser precisado. A partir da concepção nasce, de fato, um ser novo. Novo significa diverso dos dois elementos que, unindo-se, o formaram. Tal ser inicia um processo de desenvolvimento que o levará a tornar-se aquela "criança, coisa maravilhosa, milagre natural ao qual se deve aderir". É este o ser de que se trata, desde o início. Há uma continuidade na identidade.

Além das discussões científicas e filosóficas, está o fato de que aquilo que foi consagrado ao destino tão grande de ser chamado pelo nome pelo próprio Deus, é digno, desde o início, de um grande respeito. Não gostaria de fazer apelo aqui a um genérico "direito à Vida", que pode permanecer frio e impessoal. Trata-se de uma responsabilidade concreta em relação àquele que é o termo de um grande e pessoal amor e, portanto, de responsabilidade em relação a "alguém". Chamado e amado, este alguém já possui um rosto, é objeto de afeto e cuidado. Qualquer violação dessa exigência de afeto e de cuidado não pode ser vivida senão em conflito, em um

EM QUE CREEM OS QUE NÃO CREEM?

profundo sofrimento, em um doloroso dilaceramento. O que dizemos é que é preciso fazer de tudo para que este conflito não se verifique, para que este dilaceramento não se produza. São feridas que cicatrizam com muita dificuldade, talvez nunca. E quem carrega suas marcas é sobretudo a mulher, a quem antes e de modo fiduciário é confiado aquilo que de mais frágil e mais nobre existe no mundo.

Se este é o problema ético e humano, o problema civil consequente é: como ajudar as pessoas e a sociedade inteira a evitar ao máximo possível estes dilaceramentos? Como apoiar quem se encontra em um conflito real ou aparente de deveres, para que não seja esmagado por este conflito?

O senhor conclui dizendo: "definir o que é, e onde tem início a vida é questão em que está *em jogo a nossa vida*". Estou de acordo, pelo menos sobre "o que é" e já dei minha resposta. O "onde" pode continuar misterioso, mas está submetido ao valor do "o que é". Quando alguma coisa tem valor supremo, merece supremo respeito. É daí que precisamos partir para qualquer casuística dos casos-limite, que será sempre árdua de enfrentar mas que, partindo desse ponto, jamais será enfrentada com leviandade.

Mas permanece uma pergunta: eu sublinhei vigorosamente que para o Novo Testamento não é a vida física em si que conta, mas a vida que Deus comunica. Como

◆ 40 ◆

pode haver diálogo sobre um ponto tão preciso de doutrina "revelada"? Uma resposta eu já posso encontrar em tantas de suas afirmações que exprimem a angústia e a trepidação que cada um experimenta quando se vê diante do destino de uma vida humana, em qualquer momento de sua vida. Existe uma esplêndida metáfora que diz laicamente o quanto há de comum, no âmago, entre católicos e leigos: a metáfora do "rosto". Levinas falou dela em termos acurados, como de uma instância irrefutável. Mas eu gostaria de recordar uma passagem de Italo Mancini, em um de seus últimos livros, *Tornino i Volti*, quase um testamento: "O nosso mundo, para nele vivermos, amarmos e santificarmo-nos, não é dado por uma neutra teoria do ser, não é dado pelos acontecimentos da história ou pelos fenômenos da natureza, mas é dado pelo existir destes inauditos centros de alteridade que são os rostos, rostos a serem olhados, respeitados, acariciados."

Carlo Maria Martini
junho de 1995

OS HOMENS E AS MULHERES
SEGUNDO A IGREJA

Caro Martini,

ei-nos aqui a retomar nossa conversação, e confesso que não me agrada muito ter a redação decidido que seria sempre eu a começar: tenho a impressão de ser petulante. Talvez a redação tenha se submetido a um clichê banal segundo o qual os filósofos são especializados em formular perguntas das quais não conhecem as respostas, enquanto um pastor de almas é, por definição, aquele que tem sempre a resposta justa. Felizmente, o senhor, em suas cartas precedentes, demonstrou quão problemática e sofrida pode ser a reflexão de um pastor de almas, desiludindo, portanto, aqueles que esperavam do senhor o exercício de uma função oracular.

Antes de colocar-lhe uma questão para a qual não tenho resposta, gostaria de propor algumas premissas.

EM QUE CREEM OS QUE NÃO CREEM?

Quando qualquer autoridade religiosa de qualquer confissão se pronuncia sobre problemas concernentes a princípios da ética natural, os leigos devem reconhecer-lhe este direito: podem concordar ou não concordar com sua posição, mas não têm nenhuma razão para contestar-lhe o direito de expressá-la, mesmo como crítica ao modo de viver do não crente. Os leigos têm razão para reagir apenas em um caso: quando uma confissão tende a impor aos não crentes (ou aos crentes de outra fé) comportamentos que as leis do Estado ou de suas religiões proíbem, ou a proibir-lhes outros que as leis do Estado ou de suas religiões, ao contrário, permitem.

Não acho que exista o direito inverso. Os leigos não têm o direito de criticar o modo de viver de um crente — salvo, como sempre, o caso em que este modo de viver vá contra as leis do Estado (por exemplo, a recusa a submeter os próprios filhos enfermos a transfusões de sangue) ou se oponha aos direitos de quem pratica uma fé diversa. O ponto de vista de uma confissão religiosa se exprime sempre na proposta de um modo de vida considerado ótimo, enquanto do ponto de vista laico qualquer modo de vida que seja o resultado de uma escolha livre deveria ser considerado ótimo, desde que não impeça as escolhas de outrem.

Em princípio, considero que ninguém tem o direito de julgar as obrigações que as várias confissões impõem a seus fiéis. Não tenho nada a objetar contra o fato de

♦ 44 ♦

DIÁLOGOS

que a religião muçulmana proíba o consumo de substâncias alcoólicas; se não estou de acordo, não me torno muçulmano. Não vejo por que os leigos devam se escandalizar porque a Igreja Católica condena o divórcio: se alguém quer ser católico, que não se divorcie; se quer divorciar-se que se faça protestante; e reaja apenas se a Igreja quiser impedir que você, que não é católico, se divorcie. Confesso que me sinto até irritado diante dos homossexuais que querem ser reconhecidos pela Igreja, ou dos padres que querem se casar. Quando entro em uma mesquita, eu tiro os sapatos, e em Jerusalém aceito que em alguns edifícios, aos sábados, os elevadores andem sozinhos, parando automaticamente em cada andar. Se quero manter os sapatos ou comandar o elevador a meu bel-prazer, vou para outros lugares. Há algumas recepções (laicíssimas) em que se exige o *smoking* e cabe a mim decidir se quero me submeter a um hábito que me irrita porque tenho alguma razão imperiosa para participar de tal evento ou, se quiser afirmar minha liberdade, ficar em casa.

Se depois nasce um movimento de padres que consideram que, em matérias não dogmáticas como o celibato eclesiástico, a decisão não cabe ao papa, mas à comunidade de fiéis reunidos em torno dos próprios bispos, e em torno desse movimento nasce a solidariedade de muitíssimos crentes praticantes, eu haverei de me recusar a assinar um apelo a seu favor. Não porque seja

EM QUE CREEM OS QUE NÃO CREEM?

insensível a seus problemas, mas porque não pertenço à mesma comunidade e não tenho o direito de meter o nariz em questões que são exclusivamente eclesiásticas.

Dito isto, é coisa bem diversa, para um leigo sensível, tentar entender por que a Igreja proíbe determinadas coisas. Se convido para o jantar um judeu ortodoxo (por exemplo, há muitíssimos deles entre meus colegas americanos que se ocupam de filosofia da linguagem) cuido (por razões de cortesia) de perguntar-lhe com antecedência que tipo de alimentos está disposto a comer, mas isso não impede que lhe peça depois algumas informações sobre a culinária *kosher*, para compreender por que deve evitar certos alimentos que, à primeira vista, me pareciam consumíveis até mesmo por um rabino. Assim, parece legítimo que um leigo possa querer perguntar ao papa por que a Igreja é contra o controle da natalidade, contra o aborto, contra a homossexualidade. O papa me responde e eu tenho que admitir que, a partir do momento em que se decidiu a dar uma determinada interpretação do preceito *crescite et multiplicamini*, sua resposta é coerente. Eu poderia escrever um ensaio para propor uma hermenêutica alternativa, mas enquanto a Igreja não concordar com a minha interpretação, tem a faca e o queijo na mão, ou melhor, o gráfio na mão do escoliasta.

E eis que finalmente chego à minha questão. Ainda não consegui encontrar na doutrina razões convincentes

♦ *46* ♦

DIÁLOGOS

pelas quais as mulheres devam ser excluídas do sacerdócio. Se a Igreja quer excluir as mulheres do sacerdócio — repito — tomo conhecimento, aceito e respeito sua autonomia em matérias tão delicadas. Se fosse mulher e quisesse a qualquer custo me tornar uma sacerdotisa, passaria para o culto de Iside, sem procurar forçar a mão com o papa. Mas como intelectual, como leitor (de longa data) das Escrituras, cultivo perplexidades que gostaria de esclarecer.

Não vejo razões escriturais. Se leio Êxodo 29 e 30, além do Levítico, aprendo que o sacerdócio foi confiado a Arão e a seus filhos, e não a suas mulheres (e que, por outro lado, as coisas não mudam mesmo seguindo, segundo Paulo em Aos Hebreus, não a ordem de Arão, mas a ordem de Melquisedeque — que, além disso, goza de precedência histórico-cultural, ver Gênesis 14).

Mas se eu quiser ler a Bíblia como um fundamentalista protestante, terei que dizer, com o Levítico, que os sacerdotes "não se devem rapar nem a cabeça, nem a barba" e entrarei em crise lendo Ezequiel 44,20, segundo o qual eles deveriam, ao contrário, encurtar as cabeleiras; além disso, para ambos os textos não deveriam aproximar-se dos cadáveres. E como bom fundamentalista deveria exigir que um sacerdote se atenha ao Levítico, segundo o qual os sacerdotes podem tomar mulher, ou a Ezequiel, segundo o qual podem esposar apenas uma virgem ou uma viúva de outro sacerdote.

◆ *47* ◆

EM QUE CREEM OS QUE NÃO CREEM?

Mas mesmo um crente admite que o autor bíblico escrevia adaptando tanto crônicas dos eventos quanto argumentos às possibilidades de compreensão e aos usos da civilização a que se dirigia. Portanto, se Josué tivesse dito "Para, oh terra!" ou mesmo "Suspenda-se a lei newtoniana da gravitação universal!", seria tomado por louco. Jesus disse que era preciso pagar tributo a César, pois o ordenamento político do Mediterrâneo apontava nesse sentido, mas isso não significa que um cidadão europeu tenha, hoje, o dever de pagar taxas ao último descendente dos Habsburgo, e qualquer sacerdote judicioso o ameaçaria com o inferno (espero) se deixasse de pagar os impostos devidos ao Ministério das Finanças de seu próprio país. O nono mandamento proíbe que se deseje a mulher do próximo, mas o magistério da Igreja nunca pôs em dúvida que tal mandamento inclui também, por sinédoque, as mulheres, proibindo-as de desejarem o homem de outra.

Assim, é óbvio também para o crente que, se Deus decidiu fazer com que a segunda pessoa da Santíssima Trindade encarnasse na Palestina e naquela época, não poderia deixar de fazer com que encarnasse como homem, do contrário sua palavra não gozaria de nenhuma autoridade. Creio que o senhor não nega que se, por inescrutável planejamento divino, Cristo tivesse encarnado no Japão, teria consagrado o arroz e o saquê, e o mistério da Eucaristia continuaria a ser o que é. Se

DIÁLOGOS

Cristo tivesse encarnado alguns séculos depois, quando as profetizas montanistas, como Priscilla e Maximilla, gozavam de grande crédito, talvez tivesse encarnado em uma forma feminina, e o mesmo talvez acontecesse na civilização romana, que tinha as Vestais em alta conta. Para negar isso seria preciso afirmar que a mulher é um ser impuro. Se, em algumas civilizações ou em dadas épocas, alguns o fizeram, não é certamente o caso do atual Pontífice.

Podem ser adotadas razões simbólicas: como o sacerdote é a imagem de Cristo, sacerdote por excelência, e Cristo era homem, para preservar a riqueza de significados deste símbolo o sacerdócio deve ser uma prerrogativa masculina. Mas, na verdade, o plano da Salvação deve seguir as leis da iconografia ou da iconologia?

Visto que é indubitável que Cristo se sacrificou tanto pelos homens quanto pelas mulheres e que, desprezando os costumes de seu tempo, conferiu privilégios altíssimos a seus seguidores de sexo feminino; visto que a única criatura humana nascida sem pecado original foi uma mulher; visto que foi às mulheres, e não aos homens, que Cristo apareceu em primeira instância depois da ressurreição, não seria isto tudo uma indicação clara de que ele, em desacordo com as leis de seu tempo e na medida em que podia legitimamente violá-las, quis dar algumas indicações claras acerca da paridade dos sexos, se não diante das leis e dos costumes históricos, pelo

◆ *49* ◆

menos em relação ao plano da Salvação? Veja que nem ouso aventurar-me na *vexata questione* sobre se aquele termo *Elohim*, que aparece no início do Gênesis, é singular ou plural e diga gramaticalmente que Deus tinha um sexo (e assim também, limito-me a considerar pura figura retórica, sem implicações teológicas, a afirmação de João Paulo I, para quem Deus seria uma Mãe).

O argumento simbólico não me satisfaz. Tampouco o argumento arcaico segundo o qual a mulher, em certos momentos de sua vida, segrega impureza (mesmo que o argumento tenha sido sustentado no passado, como se uma mulher que tivesse suas menstruações ou parisse no sangue fosse mais impura que um sacerdote homem com Aids).

Quando me vejo assim tão perdido diante de questões de doutrina, recorro à única pessoa em quem confio, que é Tomás de Aquino. Ora, Tomás, que antes de ser doutor evangélico era um homem de extraordinário bom senso, teve muitas vezes que enfrentar o problema de determinar se o sacerdócio seria uma prerrogativa masculina. Para limitar-nos à *Summa theologiae*, vamos buscar em II, II, 2, e nos vemos diante da afirmação paulina (nem os santos são perfeitos) segundo a qual as mulheres, nas assembleias eclesiásticas, devem calar-se e não podem sequer ensinar. Mas Tomás encontra nos provérbios que *"Unigenitus fui coram matrem meam, ea docebat me"*. Que saída encontrou? Aceitou a antropologia

DIÁLOGOS

de seu tempo (e o que podia fazer?): o sexo feminino deve submeter-se ao masculino, e as mulheres não são perfeitas em sabedoria.

Em III, 31, 4 Tomás questiona se a matéria do corpo de Cristo poderia ser assumida por um corpo feminino (o senhor sabe que circulam teorias gnósticas para as quais o Cristo teria passado através do corpo de Maria como água através de um tubo, como através de um veículo casual, sem ser tocado por ele, sem ser poluído por nenhuma *immunditia* ligada a fisiologia do parto). Tomás recorda que, se Cristo devia ser um ser humano *convenientissimum tamen fuit ut de foemina carnem acciperet* porque, segundo Agostinho, "a liberação do homem deve aparecer em ambos os sexos". No entanto, ele não consegue se liberar da antropologia de seu tempo e continua a admitir que Cristo tinha que ser homem porque o sexo masculino é mais nobre.

Mas Tomás sabe ir além da inevitável antropologia daqueles tempos. Não pode negar que os homens seriam superiores e mais aptos à sabedoria que as mulheres, mas esforça-se inúmeras vezes para determinar como às mulheres foi dado o dom da profecia e às abadessas a direção de almas e o ensino, e sai-se com argumentos elegantes e sensatos. Não parece, entretanto, satisfeito e, com a astúcia que lhe é peculiar, responde indiretamente, ou melhor, faz de conta que esqueceu que já havia respondido anteriormente, in I, 99, 2: se o sexo

♦ 51 ♦

EM QUE CREEM OS QUE NÃO CREEM?

masculino é o melhor, por que no estado primitivo, antes do pecado original, Deus permitiu que nascessem mulheres? E responde que era justo que no estado primigênio aparecessem os homens e as mulheres. Não para garantir a continuação da espécie, dado que os homens eram imortais e não era necessário introduzir a bissexualidade como condição de sobrevivência da espécie. É porque (ver *Supplementum* 39, I, que não é de sua lavra, mas é opinião a que recorre mesmo em outras ocasiões) "o sexo não está na alma" e, de fato, para Tomás, o sexo era um acidente que sobrevinha em um estado avançado da gestação. Era necessário, e justo, criar os dois sexos porque (e isto é esclarecido em III, 4, *respondeo*) há uma combinatória exemplar na geração dos humanos: o primeiro homem foi concebido sem macho ou fêmea, Eva nasce do homem sem ajuda de mulher, Cristo de uma mulher sem participação de homem, mas todos os outros homens nascem de uma macho e de uma fêmea. E, à parte aquelas milagrosas exceções, a regra é esta, e esté é o plano divino.

Em III, 67, 4 Tomás se pergunta se a mulher pode batizar e liquida com facilidade as objeções que a tradição lhe propõe: é Cristo quem batiza, mas como (Tomás se remete a Paulo, Colossenses 3, 11; mas de fato é dito mais claramente em Gálatas 3, 28) *"in Christo non est masculus neque femina"*, assim como um homem pode batizar, também o pode uma mulher. Depois (o poder

♦ 52 ♦

das opiniões correntes!) concede que, como *"caput mulieris est vir"*, se há homens presentes a mulher não deve batizar. Mas *ad primum* distingue muito claramente entre aquilo que a uma mulher "não é permitido" (em linha consuetudinária) e aquilo que ela "pode", no entanto, fazer (em linha de direito). Em *ad tertium* esclarece que, se é verdade que na ordem carnal a mulher é princípio passivo e apenas o homem é princípio ativo, na ordem espiritual, enquanto tanto o homem como a mulher agirem por virtude de Cristo, esta distinção hierárquica não vale.

Todavia, em *Supplementum* 39, 1 (mas lembro que não é de sua lavra), colocando diretamente a questão da possibilidade de a mulher receber as ordens sacerdotais, responde recorrendo ainda uma vez ao argumento simbólico: o sacramento é também um sinal, e para sua validade não se exige apenas a "coisa", mas também "o signo da coisa": como no sexo feminino não está significada nenhuma eminência, pois a mulher vive em estado de sujeição, não se pode conferir as ordens a uma mulher.

É verdade que, em uma questão que não recordo, Tomás usa também o argumento *propter libidinem* ou em outros termos: se o sacerdote fosse mulher os fiéis (homens!) se excitariam ao vê-la. Mas como os fiéis também incluem as mulheres, o que dizer das moças que poderiam excitar-se à vista de um "padre bonito"

EM QUE CREEM OS QUE NÃO CREEM?

(lembro as páginas de Stendhal na *Chartreuse* sobre fenômenos de incontinência passional suscitados pelas prédicas de Fabrizio del Dongo)? A história do ateneu bolonhês fala de uma Novella d'Andrea que teria sido obrigada a ensinar coberta por um véu para não distrair os estudantes com sua beleza. Permita-me considerar que Novella não fosse de tão irrestível beleza, mas que os estudantes, estes sim, talvez fossem propensos a uma certa galharda indisciplina. Tratava-se, pois, de educar os fiéis e não de excluir as mulheres da *gratia sermonis*.

Em suma, minha impressão é que nem mesmo Tomás sabia dizer com exatidão por que o sacerdócio deveria ser uma prerrogativa masculina, salvo assumindo (como ele fazia, e não podia deixar de fazer de acordo com as ideias de seu tempo) que os homens fossem superiores em inteligência e dignidade. Mas não me parece que esta seja a posição atual da Igreja. Parece-me antes a posição da sociedade chinesa que, como soubemos recentemente, e com horror, tende a eliminar as recém-nascidas mulheres para manter em vida apenas os homens.

Eis as minhas perplexidades. Quais são as razões doutrinais para interditar o sacerdócio às mulheres? Se fossem simples razões históricas, de oportunidade simbólica, pois os fiéis ainda estão habituados à imagem de um sacerdote homem, não haveria razões para apressar a Igreja, que tem tempos longos (embora me agradasse conhecer uma data, antes da Ressurreição da Carne).

♦ 54 ♦

DIÁLOGOS

Mas o problema, evidentemente, não é meu. Sou apenas um curioso. Há, porém, a outra metade do Céu (como dizem os chineses) que talvez se mostre mais ansiosa.

Umberto Eco
outubro de 1995

A IGREJA NÃO SATISFAZ EXPECTATIVAS, CELEBRA MISTÉRIOS

Caro Eco,

ainda uma vez coube-lhe começar este diálogo. Mas não acho que razões ideológicas definam a quem cabe começar, mas sim problemas práticos. No mês de setembro tive uma série de compromissos no exterior e pode ser que a redação tenha achado mais simples encontrá-lo. De minha parte, cultivo uma pergunta que gostaria de fazer-lhe e que tenho guardada para a próxima vez: é uma pergunta para a qual realmente não tenho resposta e na qual não posso contar com o socorro de nenhuma "função oracular" que muitas vezes, como bem notou o senhor, se atribui, erroneamente, aos pastores. No máximo, a função oracular poderia ser atribuída aos profetas: mas estes hoje, *hélas*, são raros.

A pergunta, portanto, que pretendo fazer refere--se ao fundamento último da ética para um leigo.

Gostaria muito que todos os homens e mulheres deste mundo tivessem claros fundamentos éticos para sua atuação e estou convencido de que não são poucas as pessoas que agem com retidão, pelo menos em determinadas circunstâncias, sem referir-se a nenhum fundamento religioso da vida. Mas não consigo compreender que justificativa última dão para este seu agir.

Mas deixando de lado, por ora, esta interrogação que me permito ilustrar em uma próxima carta, se me for dado fazer o primeiro movimento, passo às reflexões que o senhor coloca como premissas para a "pergunta delicada" sobre o sacerdócio das mulheres. O senhor declara respeitar, como leigo, os pronunciamentos das confissões religiosas sobre princípios e problemas de ética natural, mas não admitir a imposição aos não crentes, ou aos crentes de outra fé, de comportamentos que as leis do Estado não proíbem. Sinto-me, sem mais, de acordo com o senhor. Qualquer imposição exterior de princípios ou comportamentos religiosos a quem não é consenciente viola a liberdade da consciência. Direi até mais: se tais imposições tivessem acontecido no passado, em contextos culturais diversos dos atuais e por razões que hoje não podemos mais compartilhar, é justo que uma confissão religiosa se desculpe.

DIÁLOGOS

Foi esta a corajosa posição assumida por João Paulo II na carta sobre o próximo Jubileu de Dois Mil, com o título de *Tertio millenio adveniente*, em que diz: "Um outro capítulo doloroso, que os filhos da Igreja não podem deixar de rever com espírito aberto para o arrependimento, é constituído pela aquiescência manifesta, sobretudo em certos séculos, a *métodos de intolerância e até mesmo de violência* a serviço da verdade... É certo que um julgamento histórico correto não pode prescindir de uma atenta consideração dos condicionamentos culturais do momento... Mas a consideração das circunstâncias atenuantes não exonera a Igreja do dever de lamentar-se profundamente pelas debilidades de tantos de seus filhos... Daqueles traços dolorosos do passado emerge uma lição para o futuro, que deve induzir todo cristão a ater-se firmemente ao áureo princípio ditado pelo concílio (*Dignitatis humanae* I): 'a verdade não se impõe senão pela força da própria verdade, a qual penetra nas mentes suavemente, porém com vigor'" (n. 35).

Farei, todavia, uma precisão importante sobre o que o senhor afirma ao falar de "leis do Estado". Estou de acordo sobre o princípio geral de que uma confissão religiosa deve se mover no âmbito das leis do Estado e que, por outro lado, os leigos não têm o direito de censurar os modos de vida de um crente, desde que se mantenham nos parâmetros destas leis. Mas considero

♦ 59 ♦

(e estou certo de que o senhor também) que não se pode falar das "leis do Estado" como de algo absoluto e imutável. As leis exprimem a consciência comum da maioria dos cidadãos e tal consciência comum é submetida ao jogo livre do diálogo e das propostas alternativas, que têm por base (ou que podem ter por base) profundas convicções éticas. Logo, é óbvio que movimentos de oposição, e portanto também as confissões religiosas, podem tentar influir democraticamente sobre o teor das leis que não considerem correspondentes a um ideal ético que lhes pareça não simplesmente confessional, mas compartilhável por todos os cidadãos. Aí reside o delicado jogo democrático que prevê uma dialética entre opiniões e crenças na esperança de que, desta troca, cresça aquela consciência moral coletiva que está na base de uma convivência ordenada.

É neste sentido que recebo de bom grado a sua "pergunta delicada" sobre o sacerdócio negado às mulheres pela Igreja católica: porque o senhor a coloca justamente como fruto do desejo de um leigo sensível de tentar entender por que a Igreja aprova ou desaprova certas coisas — mesmo não se tratando aqui de um problema ético, mas teológico. Trata-se de compreender por que a Igreja católica, e com ela todas as Igrejas do Oriente, isto é, na prática todas as Igrejas que reivindicam uma tradição bimilenar, continuam a seguir desde sempre uma determinada

DIÁLOGOS

práxis cultural, segundo a qual as mulheres estão excluídas do sacerdócio.

O senhor diz que até hoje não conseguiu encontrar na doutrina razões convincentes para este fato, mesmo respeitando, por sua parte, a autonomia da Igreja em matérias tão delicadas. E expõe sua perplexidade referente à interpretação das Escrituras, às chamadas razões teológicas, às razões simbólicas ou até mesmo aquelas advindas da biologia, para examinar finalmente, com acuidade, algumas páginas de Santo Tomás em que também este homem "de extraordinário bom senso" parece tolerar argumentações pouco coerentes.

Vamos rever com calma todos estes pontos, embora eu renuncie a adentrar-me em considerações excessivamente sutis: não porque não as ame ou as considere supérfluas, mas porque temo que, de outra forma, esta carta, que faz parte de um epistolário público, acabará por não encontrar leitores. Já me pergunto se aqueles que não conhecem bem as Escrituras, e menos ainda Santo Tomás, estejam em condições de seguir o que o senhor disse a este respeito: mas estou contente por ter o senhor citado tais textos, pois sinto-me muito à vontade com eles e também porque espero que algum leitor sinta-se estimulado a folheá-los.

Vamos, portanto, às Escrituras. O senhor reivindica, antes de tudo, um princípio hermenêutico geral, ou

♦ 61 ♦

EM QUE CREEM OS QUE NÃO CREEM?

seja, que os textos sejam interpretados não segundo o literalismo fundamentalista, mas levando em consideração o tempo e o ambiente em que foram escritos. Estou de pleno acordo sobre este princípio e sobre os impasses em que uma exegese fundamentalista pode se meter. Mas gostaria de objetar que nem mesmo um fundamentalista se sentiria constrangido sobre a regra lembrada pelo senhor em relação às cabeleiras e barbas dos sacerdotes.

O senhor cita Ezequiel 44, 20 e o livro do Levítico (creio que se refira a Lev 19, 27-28; 21-5 cf. também Dt 14, 1) para dizer que se estes textos fossem interpretados à risca teríamos uma contradição: a barba inculta para o Levítico e o corte regular para Ezequiel. Mas para mim (e para muitos exegetas) parece que nesta questão de detalhe (citada apenas a título de exemplo) Ezequiel não pretenda contradizer o Levítico: este último pretende proibir certos ritos de luto de origem provavelmente pagã (o texto de 21, 5 é traduzido "não se farão tonsuras na cabeça, nem se raparão os lados da barba, nem se farão incisões na carne" e Ezequiel faz referência, provavelmente, a esta mesma norma). Não digo isto nem em defesa dos fundamentalistas, nem para favorecer este ou aquele penteado, mas para indicar que nem sempre é fácil dizer o que a Bíblia quer dizer sobre certos pontos particulares ou decidir se, a respeito de um determinado argumento, ela esteja falando de acordo

◆ 62 ◆

DIÁLOGOS

com os usos de seu tempo ou indicando uma condição permanente do povo de Deus.

No que se refere ao nosso tema, os exegetas que buscaram na Bíblia argumentos positivos para o sacerdócio das mulheres sempre se viram em dificuldade.

O que dizer sobre os argumentos que poderiam ser chamados de "teológicos" e que o senhor exemplifica com o arroz e o saquê, que poderiam ser a matéria da eucaristia se "por inescrutável desígnio divino, Cristo tivesse encarnado no Japão"? Mas a teologia não é a ciência dos possíveis ou "daquilo que poderia acontecer se...": ela só pode partir de dados positivos e históricos da Revelação e tentar compreendê-los. Neste sentido, é inegável que Jesus Cristo escolheu os doze apóstolos. É daí que devemos partir para determinar qualquer forma de apostolado na Igreja. Não se trata de buscar razões *a priori*, mas de aceitar que Deus comunicou-se de um certo modo e através de uma certa história e que esta história, em sua singularidade, nos determina ainda hoje.

Na mesma linha devo concordar que as razões simbólicas, pelo menos assim como foram expostas até agora, não são, *a priori*, convincentes. Muito justamente, o senhor recorda os privilégios altíssimos que Cristo conferiu às mulheres que o seguiram, para as quais apareceu em primeiro lugar depois da ressurreição. Em oposição às leis de seu tempo, Jesus Cristo

♦ 63 ♦

deu algumas indicações claras acerca da igualdade entre os sexos. Isso é um dado de fato, do qual a Igreja deve, no tempo devido, tirar todas as consequências oportunas e nós não podemos pensar que já se fez completa justiça à força de tais princípios operativos. Está certamente superado também o argumento arcaico de tipo biológico.

Por isso, nem Santo Tomás — que era homem de grande doutrina e maior bom senso, mas não podia ir muito além das concepções científicas de seu tempo e nem mesmo de todos os hábitos mentais de seus contemporâneos — consegue propor argumentos que sejam convincentes para nós, hoje. Desisto de segui-lo na análise sutil que faz dos diversos passos da *Summa*, não porque não os ache interessantes, mas porque temo que o leitor não nos siga. Mas de sua análise depreende-se que Santo Tomás estava um pouco dividido interiormente entre princípios diversos e que se esforçava para encontrar as razões da práxis da Igreja, mas com a consciência de não estar sendo completamente convincente. Antepunha-se como obstáculo sobretudo o princípio de que *"sexus masculinus est nobilior quam femininus"* (*Summa 3, 31, 4 ad primum*), que por um lado ele aplicava como evidente para seu tempo e que, por outro, contradizia com as prerrogativas dadas por Cristo e na Igreja às mulheres. Hoje tal princípio nos

DIÁLOGOS

parece superado e portanto caem as razões teológicas dele derivadas.

E então, perguntaria o senhor, o que temos como decorrência disso? Segue-se uma coisa muito simples e muito importante, ou seja, uma práxis da Igreja que está profundamente enraizada em sua tradição e que nunca teve exceções reais em dois milênios de história não é ligada apenas a razões abstratas e apriorísticas, mas a algo que se refere a seu próprio mistério. Isto é, o próprio fato de que as razões levantadas durante séculos para dar o sacerdócio apenas aos homens não sejam mais apresentáveis, enquanto a mesma práxis persevera com grande força (basta pensar nas crises que mesmo fora da Igreja católica, quer dizer na comunhão anglicana, a práxis contrária vem provocando) nos mostra que estamos diante não de raciocínios simplesmente humanos, mas do desejo da Igreja de não ser infiel àqueles fatos salvíficos que a geraram e que não derivam de pensamentos humanos, mas do próprio agir de Deus.

Isso comporta duas consequências importantes, às quais o atual pontífice vem se conformando estritamente. De uma parte, trata-se de valorizar o papel e a presença das mulheres em todos os aspectos da vida da sociedade e da Igreja, bem além de tudo quanto foi anunciado até agora. De outra, trata-se de penetrar na compreensão da natureza do sacerdócio e dos ministérios ordenados muito mais profundamente do que tudo o que aconteceu nos séculos passados. Permito--me citar uma palavra importantíssima do Concílio Vaticano II: "Cresce, de fato, a compreensão tanto das coisas quanto das palavras transmitidas, seja com a reflexão e o estudo dos crentes, os quais meditam em seu coração (cf. Lc 2, 19 e 51), seja com a experiência dada por uma inteligência mais profunda das coisas espirituais, seja pela pregação daqueles que, com a sucessão episcopal, receberam um carisma seguro de verdade. Isto é, a Igreja, no curso dos séculos, tende incessantemente à plenitude da verdade divina, até que nesta sejam cumpridas as palavras de Deus" (*Dei Verbum* n. 8).

A Igreja reconhece, portanto, ainda não ter alcançado a plena compreensão dos mistérios que vive e celebra, mas olha com confiança para um futuro que lhe permitirá viver o cumprimento não de simples expectativas ou desejos humanos, mas das próprias promessas de Deus. Neste caminho, preocupa-se em não se afastar da práxis e do exemplo de Jesus Cristo, pois somente permanecendo exemplarmente fiel a eles poderá compreender as implicações da liberação que, como recorda Santo Tomás, citando Santo Agostinho, *in utroque sexu debuit apparere*: "Foi muito conveniente que o Filho de Deus recebesse

DIÁLOGOS

seu corpo de uma mulher... pois assim enobreceu-se toda a natureza humana. Por isso Agostinho diz: 'A liberação do homem devia manifestar-se em ambos os sexos.'" (*Summa*, 3, 31, 4).

Carlo Maria Martini
outubro de 1995

ONDE O LEIGO ENCONTRA A LUZ DO BEM?

Caro Eco,

eis-me com a pergunta que tinha em mente fazer--lhe já na última carta e que já lhe havia antecipado. Ela refere-se ao fundamento último da ética para um leigo, no quadro "pós-moderno". Ou seja, concretamente: em que se baseia a certeza e imperatividade de seu agir moral que não pretende fazer apelo, para fundar o absolutismo de uma ética, a princípios *metafísicos* ou, de qualquer modo, a valores transcedentes e sequer a *imperativos categóricos* universalmente válidos? Em palavras mais simples (pois alguns leitores lamentaram-se comigo de que os nossos diálogos são demasiado difíceis), que razões dão para seu agir aqueles que pretendem afirmar e professar princípios morais que podem exigir o sacrifício da vida, mas não reconhecem um Deus pessoal? Ou ainda: como posso chegar, prescindindo do apelo a um Absoluto, a dizer que não devo realizar certas ações de modo algum, a preço nenhum e que outras, no entanto, devem ser realizadas custe o que custar? Certo, existem leis, mas por que podem obrigar, mesmo ao preço da própria vida?

É sobre estas e outras interrogações semelhantes que gostaria de discutir com o senhor.

Certamente, eu gostaria muito que todos os homens e as mulheres deste mundo, mesmo aqueles que não creem em Deus, tivessem claros fundamentos éticos para operar com retidão e agissem em conformidade com eles. Estou convencido também de que existem não poucas pessoas que agem com retidão, pelo menos nas circunstâncias ordinárias da vida, sem fazer referência a um fundamento religioso da existência humana. Sei igualmente que existem pessoas que, mesmo sem acreditar em um Deus pessoal, chegaram a dar a própria vida para não se desviarem de suas convicções morais. Mas não consigo compreender que justificativa última dão para o seu agir.

É claro e óbvio que uma ética "laica" também pode encontrar e reconhecer, de fato, valores e normas válidos para uma reta convivência humana. Com efeito, é assim que nascem muitas legislações modernas. Mas para que a fundação destes valores não sofra confusão ou incerteza, sobretudo nos casos-limite, e não seja compreendida simplesmente como costume, convenção, uso, comportamento funcional ou útil ou necessi-

DIÁLOGOS

dade social, mas assuma o valor de um absoluto moral propriamente dito, é necessária uma fundamentação que não esteja ligada a nenhum princípio mutável ou negociável.

E isto sobretudo quando não estamos mais no território das leis civis ou penais, mas andamos além e entramos na esfera das relações interpessoais, das responsabilidades que cada um tem em relação a seu próximo mais além de uma lei escrita, na esfera da gratuidade e da solidariedade.

Ao interrogar sobre a insuficiência de uma fundamentação puramente humanista, não gostaria de perturbar a consciência de ninguém, mas apenas tentar compreender que coisa acontece por dentro, no nível das razões de fundo, também para que possa promover uma colaboração mais intensa sobre temas éticos entre crentes e não crentes.

É sabido, de fato, que entre as grandes religiões está sendo trilhado um caminho comum de diálogo e de confronto, ainda em seus primórdios, para a afirmação de princípios éticos compartilhados por todos. Deste modo, pretende-se não apenas extirpar as raízes de qualquer contenda religiosa entre povos, mas também servir de maneira mais eficaz à promoção do homem. Mas mesmo com todas as dificuldades históricas e culturais que tal diálogo comporta, isso

EM QUE CREEM OS QUE NÃO CREEM?

está se tornando possível pelo fato de que todas as religiões têm, embora em modalidades diversas, um Mistério transcendente como fundamento de um agir moral. Assim, conseguiu-se individuar uma série de princípios gerais e de normas de comportamento em que cada religião pode se reconhecer e com os quais pode cooperar em um esforço comum, sem renegar nenhuma de suas crenças. Efetivamente, "a religião pode fundamentar de maneira inequivocável porque a moral, as normas e os valores éticos devem vincular incondicionalmente (e não apenas quando é cômodo) e, portanto, universalmente (para todas as linhagens, classes e raças). O humano é mantido exatamente porque é concebido como fundado no divino. Tornou-se claro que somente o incondicionado pode obrigar de maneira absoluta, somente o Absoluto pode vincular de maneira absoluta" (Hans Küng, *Progetto per un'etica mondiale*, Milão, Rizzoli, 1991, p. 116).

Seria possível um diálogo semelhante, sobre temas éticos, também na relação entre crentes e não crentes, em particular entre católicos e leigos? Tenho me esforçado para captar nas expressões de alguns leigos algo que valha como razão profunda, e de algum modo absoluta, de seu agir moral. Por exemplo, muito me interessou a razão que alguns usam para fundamentar o dever da proximidade e da solidariedade, mesmo sem recorrer a um Deus Pai e Criador de todos e a Jesus Cristo nosso irmão. Parece-me que eles se exprimem mais ou menos assim: o outro está em nós! Está em nós distinguir o modo como o tratamos, pelo fato de o amarmos, odiarmos ou de que nos seja indiferente.

Parece-me que para uma parte do pensamento laico este conceito do outro em nós revela-se como a fundação essencial de qualquer ideia de solidariedade. Isso me toca muito, sobretudo quando o vejo funcionar na prática para estimular obras de solidariedade até mesmo para com o distante, o estrangeiro. Toca-me também porque, à luz das reflexões crentes de São Paulo sobre o único Corpo do qual todos somos membros (cf. I Carta aos Coríntios cap. 12 e Carta aos Romanos, cap. 12), ele assume um forte realismo e pode ser lido em uma chave de fé cristã. Mas eu me pergunto justamente se a leitura laica, que não tem essa justificativa de fundo, tem uma força de convicção ineludível e pode sustentar, por exemplo, o perdão aos inimigos. De fato, parece-me que, sem o exemplo de Jesus Cristo que da cruz perdoou a seus crucificadores, mesmo as tradições religiosas se encontrariam em dificuldade sobre este último ponto. O que dizer então de uma ética laica?

Reconheço, portanto, que existem muitas pessoas que agem de maneira eticamente correta e que muitas vezes realizam atos de elevado altruísmo sem ter ou dar-se conta de ter um fundamento transcendente para seu agir, sem ter como referência nem um Deus criador, nem o anúncio do Reino de Deus com suas consequências éticas, nem a morte, a ressurreição de Jesus Cristo e o dom do Espírito Santo, nem sua promessa de vida eterna: com efeito, é deste realismo que eu deduzo a força daquelas convicções éticas que gostaria, em minha debilidade, que fossem sempre a luz e a força de meu agir. Mas quem não faz referência a estes ou a princípios análogos, onde encontra a luz e a força para operar o bem não apenas em circunstâncias fáceis, mas também naquelas que colocam as forças humanas à prova até seu limite e, sobretudo, naquelas que as colocam diante da própria morte? Por que o altruísmo, a sinceridade, o respeito pelos outros, o perdão dos inimigos são sempre um bem e devem ser preferidos, mesmo ao preço da própria vida, a comportamentos contrários? E como fazer para decidir com certeza, nos casos concretos, o que é altruísmo e o que não é? E se não há uma grande justificativa última e sempre válida para tais comportamentos, como é praticamente possível que estes sejam sempre prevalentes, que sejam sempre vencedores? Se mesmo aqueles que dispõem de argumentos fortes para um comportamento ético têm dificuldades para agir em conformidade com eles, o que dizer daqueles que só dispõem de argumentos fracos, incertos e vacilantes?

Tenho dificuldades para enxergar como uma existência inspirada nestas normas (altruísmo, sinceridade, justiça, solidariedade, perdão) pode sustentar-se a longo prazo e em qualquer circunstância se o valor absoluto da norma moral não está fundado em princípios *metafísicos* ou em um Deus pessoal.

É muito importante que exista um terreno comum a leigos e crentes no plano da ética, para que possam trabalhar juntos para a promoção do homem, para a justiça e para a paz. É óbvio que o apelo à dignidade humana é um princípio que funda um sentir e um operar comuns: nunca usar o outro como instrumento, respeitar em qualquer caso e sempre a sua inviolabilidade, considerar sempre cada pessoa como realidade indisponível e intangível. Mas aqui também, a um certo ponto, pode-se perguntar qual seria a justificação última destes princípios. O que funda, de fato, a dignidade humana senão o fato de que cada ser humano é uma pessoa aberta para algo de mais alto e maior do que ela própria? Só assim se pode impedir que ela fique circunscrita a termos intramundanos e garantir-lhe uma indisponibilidade que nada pode colocar em questão.

Tenho, portanto, muita vontade de aprofundar tudo o que possa permitir uma ação comum entre crentes e não crentes no plano da promoção da pessoa. Mas sei também que, quando não há acordos sobre os princípios últimos, antes ou depois, em particular quando se trata de casos-limite e problemas fronteiriços, sucede algo que mostra que existem divergências de fundo. A colaboração torna-se, então, mais difícil e muitas vezes emergem juízos éticos contrastantes sobre pontos nodais da vida e da morte.

Como fazer então? Proceder juntos com modéstia e humildade sobre os pontos em que há acordo, esperando que não surjam razões de diferença e atrito? Ou buscar, juntos, aprofundar as razões pelas quais há efetivamente acordo sobre pontos gerais — por exemplo sobre os temas da justiça, da paz, da dignidade humana — de modo que atinja as razões não ditas que estão por trás das escolhas cotidianas e nas quais se revela, nesse momento, a não coincidência de fundo, ou, talvez, a possibilidade de ir além de ceticismos e agnosticismos, em direção a um "Mistério" no qual confiar, pois deste confiar nasce também a possibilidade de fundar um agir comum para um mundo mais humano?

É sobre este tema apaixonante que gostaria de ter suas reflexões. De fato, a discussão de problemas éticos particulares leva sempre, no final, às perguntas sobre os fundamentos. Parece-me, portanto, que vale a pena interrogar-se também sobre temas como este para trazer ao menos um pouco de clareza sobre aquilo que cada um pensa e para compreender melhor o ponto de vista do outro.

Carlo Maria Martini
janeiro de 1996

QUANDO O OUTRO ENTRA EM CENA, NASCE A ÉTICA

Caro Martini,

sua carta tirou-me de grave embaraço, para colocar-me em outro de igual gravidade. Até agora tenho sido eu (e não por decisão minha) a abrir a discussão, e quem fala primeiro fatalmente interroga, esperando que o outro responda. Daí meu embaraço, ao sentir-me inquisitório. E muito apreciei a decisão e humildade com que o senhor, por três vezes, desafiou a lenda de que os jesuítas responderiam sempre a uma pergunta com outra pergunta.

Agora, porém, sinto-me embaraçado para responder a sua pergunta, pois minha resposta seria significativa se eu tivesse tido uma educação laica e, pelo contrário, tive uma forte influência católica até (para assinalar o momento de uma ruptura) os vinte e dois anos. A perspectiva laica não foi para mim uma herança absorvida

EM QUE CREEM OS QUE NÃO CREEM?

passivamente, mas o fruto, muito sofrido, de uma longa e lenta mutação, e não estou certo de que algumas de minhas convicções morais não dependam ainda de uma influência religiosa que marcou minhas origens. Hoje, já em idade avançada, vi (em uma universidade católica estrangeira que tem em seus quadros professores de formação laica e deles exige, no máximo, manifestações de respeito formal no curso dos rituais religioso-acadêmicos) alguns de meus colegas chegarem aos sacramentos sem que acreditassem na "presença real" e, portanto, sem que tivessem sequer se confessado. Com um frêmito, depois de tantos anos, adverti ainda o horror do sacrilégio.

Todavia, creio poder dizer em que fundamentos se baseia, hoje, minha "religiosidade laica" — porque acredito firmemente que existem formas de religiosidade, e logo sentido do sagrado, do limite, da interrogação e da espera, da comunhão com algo que nos supera, mesmo na ausência da fé em uma divindade pessoal e providente. Mas isso, posso percebê-lo em sua carta, o senhor também sabe. O que o senhor tem se perguntado é o que há de vinculante, arrebatador e irrenunciável nestas formas de ética.

Gostaria de tomar as coisas a distância. Certos problemas éticos tornam-se mais claros para mim ao refletir sobre alguns problemas semânticos — e não se preocupe se alguns dizem que falamos difícil: eles poderiam ter

◆ 80 ◆

DIÁLOGOS

sido encorajados a pensar fácil demais pela "revelação" da mídia, previsível por definição. Que aprendam a pensar difícil, pois nem o mistério, nem a evidência são fáceis.

Meu problema era se existem "universais semânticos", ou seja, noções elementares comuns a toda a espécie humana que podem ser expressas por todas as línguas. Problema não tão óbvio, no momento em que sabemos que muitas culturas não reconhecem noções que para nós parecem evidentes: por exemplo, a da substância a que pertencem certas propriedades (como quando dizemos "a maçã é vermelha") ou a de identidade (a = a). Estou, no entanto, convencido de que certamente existem noções comuns a todas as culturas, e que todas elas referem-se às posições de nosso corpo no espaço.

Somos animais de postura ereta, por isso é cansativo permanecer muito tempo de cabeça para baixo e, portanto, temos uma noção comum de alto e baixo, tendendo a privilegiar o primeiro sobre o segundo. Igualmente temos noções de direita e esquerda, do estar parado e do caminhar, do estar em pé ou deitado, do arrastar-se e do saltar, da vigília e do sono. Como todos temos membros, sabemos o que significa bater em uma matéria resistente, penetrar em uma substância mole ou líquida, esmagar, tamborilar, amassar, chutar, talvez até dançar. A lista poderia continuar indefinidamente e

◆ 81 ◆

compreender o ver, o ouvir, comer ou beber, ingurgitar ou expelir. E certamente todo homem tem noção do que significa perceber, recordar, sentir desejo, medo, tristeza ou alívio, prazer ou dor, e emitir sons que exprimam estes sentimentos. Portanto (e já entramos na esfera do direito), temos concepções universais acerca do constrangimento: não desejamos que alguém nos impeça de falar, ver, ouvir, dormir, engolir ou expelir, ir aonde quisermos; sofremos se alguém nos amarra ou mantém segregados, nos bate, fere ou mata, nos sujeita a torturas físicas ou psíquicas que diminuam ou anulem nossa capacidade de pensar.

Notemos que até agora coloquei em cena apenas uma espécie de Adão bestial e solitário, que ainda não sabe o que seja a relação sexual, o prazer do diálogo, o amor pelos filhos, a dor da perda de uma pessoa amada; mas nessa fase, pelo menos para nós (se não para ele ou ela), esta semântica já se transformou em base de uma ética: devemos, antes de tudo, respeitar o direito da corporalidade do outro, entre os quais o direito de falar e de pensar. Se nossos semelhantes tivessem respeitado esses "direitos do corpo" não teríamos tido o massacre dos Inocentes, os cristãos no circo, a noite de São Bartolomeu, a fogueira para os hereges, os campos de extermínio, a censura, as crianças nas minas, os estupros na Bósnia.

Mas como é que, mesmo elaborando de imediato seu repertório instintivo de noções universais, o/a besta — toda estupor e ferocidade — poderia chegar a compreender que deseja fazer certas coisas e que não deseja que lhe façam outras, e também que não deveria fazer aos outros o que não quer que façam a si mesmo? Porque, felizmente, o Éden populou-se rapidamente. A dimensão ética começa quando entra em cena o outro. Toda lei, moral ou jurídica, regula relações interpessoais, inclusive aquelas com um Outro que a impõe.

Também o senhor atribui ao leigo virtuoso a convicção de que o outro está em nós. Não se trata, porém, de uma vaga propensão sentimental, mas de uma condição fundadora. Assim como ensinam mesmo as mais laicas entre as ciências, é o outro, é seu olhar, que nos define e nos forma. Nós (assim como não conseguimos viver sem comer ou sem dormir) não conseguimos compreender quem somos sem o olhar e a resposta do outro. Mesmo quem mata, estupra, rouba, espanca, o faz em momentos excepcionais, e pelo resto da vida lá estará a mendigar aprovação, amor, respeito, elogios de seus semelhantes. E mesmo àqueles a quem humilha ele pede o reconhecimento do medo e da submissão. Na falta desse reconhecimento, o recém-nascido abandonado na floresta não se humaniza (ou, como Tarzan, busca o outro a qualquer custo no rosto de uma macaca), e poderíamos morrer ou enlouquecer se vivêssemos em uma comunidade na qual, sistematicamente, todos ti-

EM QUE CREEM OS QUE NÃO CREEM?

vessem decidido não nos olhar jamais ou comportar-se como se não existíssemos.

Como então houve ou há culturas que aprovam o massacre, o canibalismo, a humilhação do corpo de outrem? Simplesmente porque estas culturas restringem o conceito de "outros" à comunidade tribal (ou à etnia) e consideram os "bárbaros" como seres desumanos; e também os cruzados não sentiam os infiéis como um próximo que devesse ser tão amado assim. É que o reconhecimento do papel dos outros, a necessidade de respeitar neles aquelas exigências que para nós são inabdicáveis é produto de um crescimento milenar. Até mesmo o mandamento cristão do amor foi enunciado e aceito (com dificuldade) apenas quando os tempos estavam maduros para tal.

Mas o senhor pergunta: essa consciência da importância do outro é suficiente para fornecer-me uma base absoluta, um fundamento imutável para um comportamento ético? Bastaria que eu respondesse que também aqueles que o senhor define como "fundamentos absolutos" não impedem que muitos fiéis pequem sabendo que o fazem, e o discurso acabaria aqui: a tentação do mal também está presente em quem tem uma noção fundamentada e revelada do bem. Mas gostaria de contar-lhe duas anedotas que muito me fizeram pensar.

Uma refere-se a um escritor — que se proclama católico, embora *sui generis* — cujo nome não cito

♦ 84 ♦

apenas porque disse o que vou contar em uma conversação particular e eu não sou nenhum sicofanta. Foi no tempo de João XXIII e meu velho amigo, celebrando entusiasticamente suas virtudes, disse (com evidente intenção paradoxal): "João XXIII deve ser ateu. Só quem não acredita em Deus pode querer tão bem a seus semelhantes!" Como todos os paradoxos, este também continha seu grão de verdade: sem pensar no ateu (figura cuja psicologia me escapa, porque kantianamente não vejo como é possível não acreditar em Deus e considerar que não se pode comprovar Sua existência, e depois acreditar firmemente na inexistência de Deus, pensando poder prová-Lo), parece-me evidente que uma pessoa que nunca teve a experiência da transcendência, ou perdeu-a, pode dar um sentido à própria vida e à própria morte, pode sentir-se confortado só com o amor pelos outros, com a tentativa de garantir a alguém uma vida vivível, mesmo depois que ele mesmo já tenha desaparecido. É verdade que há quem não creia e não se preocupe em dar um sentido à própria morte, mas há também quem afirme crer e, no entanto, seja capaz de arrancar o coração de uma criança para garantir sua própria vida. A força de uma ética julga-se através do comportamento dos santos, não dos insipientes *cuius deus venter est*.

E passo à segunda anedota. Eu ainda era um jovem católico de dezesseis anos e aconteceu de empenhar-me em um duelo verbal com um conhecido mais velho que eu e tido como "comunista", no sentido que tinha esse vocábulo nos terríveis anos 50. E como ele me provocasse, fiz-lhe a seguinte pergunta decisiva: como podia, ele, um incrédulo, dar um sentido àquela coisa tão insensata que seria a própria morte? E ele respondeu-me: "Pedindo antes de morrer um funeral civil. Assim, já não estarei presente, mas terei deixado aos outros um exemplo." Creio que também o senhor pode admirar a fé profunda na continuidade da vida, o sentido absoluto do dever que animava aquela resposta. E foi este sentido que levou muitos incrédulos a morrer sob tortura para não trair os amigos, outros a infectar-se com a peste por cuidar dos infectados. Essa é, até hoje, a única coisa que leva um filósofo a filosofar, um escritor a escrever: deixar uma mensagem na garrafa porque, de alguma maneira, aqueles que virão poderão acreditar ou achar belo aquilo em que ele acreditou ou que achou belo.

Este sentimento tão forte justificaria, realmente, uma ética tão determinada e inflexível, tão solidamente fundamentada quanto a dos que creem na moral, na sobrevivência da alma, nos prêmios e nos castigos? Tentei basear os princípios de uma ética laica em um fato natural (e, como tal, também para o senhor, resultado de um projeto divino) como a nossa corporalidade e a ideia de que só sabemos instintivamente que temos uma alma (ou algo que exerce tal função) em

DIÁLOGOS

virtude da presença do outro. Surge daí que aquela que eu defini como ética laica é, no fundo, uma ética natural, que os crentes também não desconhecem. O instinto natural, levado à devida maturação e autoconsciência, não é um fundamento que dê garantias suficientes? É verdade que se pode pensar que não é estímulo suficiente para a virtude: "assim", pode dizer quem não crê, "ninguém saberá do mal que estou fazendo secretamente". Mas pense bem, quem não crê não considera que alguém o observa lá do alto e sabe, portanto, que — exatamente por isso — também não há Alguém que o possa perdoar. Se sabe ter feito o mal, sua solidão não conhecerá limites e sua morte será desesperada. Tentará antes, mais que o crente, a purificação da confissão pública, pedirá perdão aos outros. Isto ele o sabe no íntimo de suas fibras e, portanto, terá que perdoar antecipadamente aos outros. Senão como poderíamos explicar que o remorso seja um sentimento que mesmo os incrédulos experimentam?

Não gostaria que se instaurasse uma oposição seca entre quem acredita em Deus transcendente e quem não crê em nenhum princípio supraindividual. Gostaria de recordar que era dedicado justamente à *Ética*, o grande livro de Spinoza que começa com uma definição de Deus como causa de si mesmo. Salvo que esta divindade spinozana, bem o sabemos, não é nem transcendente nem pessoal: mesmo assim, também da visão de uma

◆ 87 ◆

EM QUE CREEM OS QUE NÃO CREEM?

grande e única substância cósmica, na qual um dia seremos todos reabsorvidos, pode emergir uma visão da tolerância e da benevolência, exatamente porque é no equilíbrio e na harmonia da substância única que estamos todos interessados. E o estamos porque de alguma maneira acreditamos que é impossível que essa substância não tenha sido enriquecida ou deformada por aquilo que, durante milênios, estivemos fazendo. Assim, ousarei dizer (não é uma hipótese metafísica, é apenas uma tímida concessão à esperança que jamais nos abandona) que mesmo em tal perspectiva poderíamos recolocar o problema de alguma vida depois da morte. Hoje o universo eletrônico nos sugere que podem existir sequências de mensagens que se transferem de um suporte físico a outro sem perder suas características inimitáveis, e parecem sobreviver como puro imaterial algoritmo no instante em que, abandonado o suporte, ainda não estão impressas em um outro. E quem sabe a morte, mais que implosão, não é explosão e selo, em algum lugar entre os vórtices do universo, do software (que outros chamam de "alma") que elaboramos vivendo, feito também de recordações e remorsos pessoais e, portanto, de sofrimento insanável ou senso de paz pelo dever cumprido, e amor.

Mas o senhor diz que, sem o exemplo e a palavra de Cristo, qualquer ética laica careceria de uma justificativa de fundo que tenha uma força de convicção

DIÁLOGOS

ineludível. Por que retirar do leigo o direito de valer-se do exemplo do Cristo que perdoa? Procure, Carlo Maria Martini, para o bem da discussão e do confronto em que acredita, aceitar, mesmo que por um só instante, a hipótese de que Deus não exista: que o homem, por um erro desajeitado do acaso, tenha surgido na Terra entregue a sua condição de mortal e, como se não bastasse, condenado a ter consciência disso e, portanto, que seja imperfeitíssimo entre os animais (e permita-me o tom leopardino dessa hipótese). Este homem, para encontrar coragem para esperar a morte, tornou-se forçosamente um animal religioso, aspirando construir narrativas capazes de fornecer-lhe uma explicação e um modelo, uma imagem exemplar. E entre tantas que consegue imaginar — algumas fulgurantes, outras terríveis, outras ainda pateticamente consoladoras — chegando à plenitude dos tempos, tem, em um momento determinado, a força religiosa, moral e poética de conceber o modelo do Cristo, do amor universal, do perdão aos inimigos, da vida oferta em holocausto pela salvação do outro. Se eu fosse um viajante proveniente de galáxias distantes e me visse diante de uma espécie que soube propor tal modelo, admiraria, subjugado, tanta energia teogônica e julgaria redimida esta espécie miserável e infame, que tantos horrores cometeu, apenas pelo fato de que conseguiu desejar e acreditar que tal seja a verdade.

♦ 89 ♦

EM QUE CREEM OS QUE NÃO CREEM?

Abandone agora também a hipótese e deixe-a para os outros: mas admita que, se Cristo fosse realmente apenas o sujeito de um conto, o fato de que esse conto tenha sido imaginado e desejado por bípedes implumes que sabem apenas que não sabem, seria tão milagroso (milagrosamente misterioso) quanto o fato de que o filho de um Deus real tenha realmente encarnado. Este mistério natural e terreno não cessaria de perturbar e adoçar o coração de quem não crê.

Por isso, considero que, nos pontos fundamentais, uma ética natural — respeitada na profunda religiosidade que a anima — pode ir ao encontro dos princípios de uma ética baseada na fé na transcendência, a qual não pode deixar de reconhecer que os princípios naturais foram esculpidos em nosso coração com base em um programa de salvação. Se restam, como certamente hão de restar, margens não superáveis, não ocorre diversamente no encontro entre religiões diversas. E nos conflitos de fé devem prevalecer a Caridade e a Prudência.

Umberto Eco
janeiro de 1996

II

Coro

A TÉCNICA É O OCASO DE QUALQUER BOA-FÉ

de Emanuele Severino

Vai-se à procura de um terreno comum à ética cristã e àquela laica dando como certas muitas coisas decisivas. Ambas pensam em si mesmas como um modo de guiar, modificar e corrigir o homem. Na civilização ocidental a ética tem o caráter da técnica. Na tradição teologico-metafísica é, antes, uma supertécnica, pois é capaz de proporcionar não simplesmente a salvação mais ou menos efêmera do corpo, mas a salvação eterna da alma. Mais modestamente, mas no interior da mesma ordem de ideias, hoje se pensa que a ética é condição indispensável para a eficiência econômica e política. Os modos de guiar, modificar e corrigir o homem são muito diversos, mas têm a mesma alma. Se não se compreende o sentido da técnica e o sentido técnico da ética, a vontade de encontrar um terreno comum à ética dos crentes e não crentes tateia na escuridão.

EM QUE CREEM OS QUE NÃO CREEM?

Mas existe um traço ulterior comum a estas duas formas de ética: a boa-fé, ou seja, a retidão da consciência, a boa vontade, a convicção de fazer aquilo que se está convencido que deve ser feito por cada ser consciente. Também o conteúdo da boa-fé pode ser muito diverso. Há quem ame o próximo porque está convencido de que deve amá-lo; e há quem, por sua vez, não o ame porque, também de boa-fé, está convencido de que não existem motivos para amá-lo. Como age de boa-fé, este último também realiza em si o princípio fundamental da ética, isto é, o seu não ser mera conformidade com a lei. Ético é o homem que, de boa-fé, não ama; não ético é o homem que ama porque, apesar de sua convicção de não dever amar, quer evitar a desaprovação social.

A convicção de dever agir de certa maneira pode ter motivações diversas. Parece-me que seja este o tema sobre o qual o cardeal Martini chamou a atenção (ver "Onde o leigo encontra a luz do bem?", p. 69). As motivações da boa-fé não são a boa-fé e nem mesmo seu conteúdo: são o fundamento da convicção em que consiste a boa-fé. Há a convicção de dever agir de um certo modo porque uma legislação de tipo religioso manda agir assim ou porque, com o nascimento da filosofia na Grécia, a certeza de conhecer a verdade definitiva e incontrovertível faz com que a verdade seja assumida como lei suprema e fundamento absoluto do agir. Mas pode haver quem esteja convencido de dever agir de certo modo, mesmo

CORO

estando convencido de não dispor de nenhuma motivação absoluta para seu agir. Nestes casos se age de boa-fé, isto é, eticamente; mas a estabilidade da boa-fé é diversa segundo a consistência das motivações.

Quando a motivação da boa-fé é a lei constituída pela verdade incontrovertível a que se refere a tradição filosófica, quando a motivação tem um fundamento absoluto, a estabilidade da boa-fé é maximamente favorecida e reforçada (e maximamente favorecida é a eficácia da ética). Pode-se deixar em aberto o problema acerca da possibilidade de que nesta condição de estabilidade a lei seja transgredida porque se pode dizer, sim, como escreve Umberto Eco em sua resposta a Martini, que o mal é realizado também por quem acredita dispor de uma fundamentação absoluta da ética; mas pode-se dizer também que a transgressão da verdade é possível porque aquela transgredida é apenas uma verdade aparente ou não se mostra em seu ser verdade autêntica.

A estabilidade da boa-fé que não dispõe de nenhuma motivação é, ao contrário, minimamente reforçada, exatamente porque não é favorecida por nenhum fundamento, embora não se possa excluir que consiga ser mais estável do que uma boa-fé que acredita apoiar-se em um fundamento absoluto. Entre estes dois extremos coloca-se a multidão das formas intermediárias da boa-fé.

Venho dizendo há muito tempo que se a *verdade* não existe, ou seja, se não existe um fundamento absoluto da ética, não há verdade sequer na recusa da violência. Naquele que está convencido da inexistência da verdade e que de boa-fé recusa a violência, esta recusa é, justamente, uma simples fé, e como tal lhe aparece. Já em quem está convencido de ver a verdade, e uma verdade que implique a recusa da violência, neste a recusa, de boa-fé, da violência não se mostra como simples *fé*, mas como *sabedoria*, assim como acontece na ética fundada nos princípios metafísico-teológicos da tradição. E não existindo a verdade, aquela recusa da violência é sempre uma fé que, justamente, não pode ter mais verdade que a fé (mais ou menos boa) que, ao contrário, acredita dever perseguir a violência e a devastação do homem. Parece-me que este discurso foi acolhido nas recentes encíclicas da Igreja e que, nesta direção, se mova também o escrito do cardeal Martini. Mas ele considera, com a Igreja, que um fundamento absoluto da ética pode existir ainda hoje, "além de ceticismos e agnostismos"; que ainda hoje pode existir um "absoluto moral propriamente dito" e que, portanto, ainda se pode falar de verdade absoluta, no sentido da tradição filosófico-metafísico-teológica que a Igreja coloca até hoje na base de sua própria doutrina.

Contra este pressuposto da Igreja e de toda a tradição ocidental, move-se a filosofia contemporânea. Que, por outro lado, só através de raras brechas torna-se consciente da própria força *invencível*. Quando se lhe capta a

CORO

essência profunda, o pensamento contemporâneo não é
ceticismo e agnosticismo ingênuo, mas desenvolvimento
radical e inevitável da fé dominante que está na base
de toda a história do Ocidente: a fé no devenir do ser.
Fundado nesta fé, o pensamento contemporâneo é a
consciência de que não pode existir nenhuma verdade
diversa do vir-a-ser, ou seja, da própria transformação da
cada verdade. De minha parte, convido frequentemente
a Igreja a não menosprezar a potência do pensamento
contemporâneo do qual, indubitavelmente, é preciso
saber captar, além de suas próprias formas explícitas,
a essência profunda e profundamente oculta, e todavia
absolutamente invencível *em relação* a qualquer forma
de saber que se mantenha no interior da fé no devenir.
Fica visível, nesta essência, que a grande tradição do
Ocidente está destinada ao ocaso e que, portanto, é
ilusória a tentativa de salvar o homem contemporâneo
recorrendo às formas da tradição metafísico-religiosa.
A tradição metafísica tenta mostrar que se não existisse,
além do devenir, uma verdade e uma essência imutáveis
e eternas, teríamos como consequência que o nada, do
qual no devenir as coisas provêm, se transformaria em
um ser (ou seja, no ser que produz as coisas). Trata-
-se, ao contrário, de compreender (como demonstrei
em diversas circunstâncias) que na essência profunda
do pensamento contemporâneo se pode ver como a
identificação do nada e do ser (que é ao mesmo tempo

◆ 97 ◆

cancelamento do devenir, ou seja da diferença entre aquilo que é e aquilo que não é ainda e não é mais) se produz exatamente quando se afirma aquele ser e aquela verdade imutável em que a tradição confia. Isto é, trata-se de compreender que cada imutável antecipa e, portanto, torna aparente e impossível o devenir do ser, ou seja, aquilo que para o Ocidente é a evidência suprema e supremamente inegável.

Mas se a morte da *verdade* e do *Deus* da tradição ocidental é inevitável, o é também a morte de qualquer fundamentação absoluta da ética que ponha a verdade como motivação da boa-fé. Nesta situação, *toda* ética pode ser apenas boa-*fé*, isto é, pode ser apenas fé, a qual não pode ter mais *verdade* que qualquer outra boa-fé. E o desacordo entre as diversas fés só se resolve através de um confronto no qual o único sentido possível da verdade é a capacidade prática de uma fé de impor-se sobre as outras. É um desacordo entre boas-fés (entre as quais enumera-se também a boa-fé da violência), já que a má-fé é uma contradição (isto é, uma não verdade que não pode ser aceita sequer pela fé no devenir) em que estar convencido de algo diverso daquilo que se faz dificulta e debilita a eficácia do fazer.

As formas violentas do confronto prático podem ser diferenciadas da perpetuação do compromisso. Mas desse modo o diálogo e o acordo são um equívoco, pois se a verdade existe, a existência de um terreno e de um conteúdo comuns, de uma dimensão *universal* que seja idêntica nas diversas fés em confronto (que é, por sua vez, imutável, ou seja, algo que torna impossível o devenir do mundo) é somente uma conjetura. Se é somente uma conjetura que você fale a minha língua, nossos acordos são equívocos. E o equívoco nutre a violência do confronto. A última frase da resposta de Eco a Martini — "E nos conflitos de fé devem prevalecer a caridade e a prudência" — é uma aspiração subjetiva, uma boa-fé débil que só pode se afirmar na medida em que não impeça a boa (ou má) fé mais potente. Que Eco se exprima dessa maneira é, aliás, explicável, porque ele, mostrando estar ainda muito distante da essência profunda do pensamento contemporâneo, sustenta uma perspectiva que repropõe a aspiração tradicional a um fundamento absoluto da ética. Para além das intenções, seu discurso é, de fato, apenas uma fé, assim como o de Martini.

Mas não para aqui a simetria entre o escrito de Martini e o de Eco. Martini propõe uma ética fundada em "princípios metafísicos", "absolutos", "universalmente válidos": "um absoluto verdadeiro e próprio" baseado em "fundamentos claros". Mas depois ele pretende que esses fundamentos claros sejam um "Mistério" (ou seja, algo que, por definição, é *obscuro*); isto é, quer "um Mistério transcendente como fundamento de um agir moral". Por sua vez, Eco propõe uma ética fundamentada em noções "universais", "comuns a todas as

EM QUE CREEM OS QUE NÃO CREEM?

culturas", isto é, fundada sobre aquele "fato" "natural", "certo", incontestável que é o "repertório instintivo" do homem. Mas depois considera, por sua vez, que o fato de que o homem, para sobreviver, construa um mundo de ilusões e de modelos sublimes seja algo de tão "miraculosamente misterioso" quanto a encarnação de Deus. Ambos os interlocutores querem colocar na base da ética um fundamento "claro" e "certo" e, portanto, evidente, mas depois sustentam que este fundamento é misterioso, isto é, obscuro. Podem evitar a incoerência mostrando em que sentido tal fundamento é evidente e em qual (outro) é misterioso. Mas a simetria permanece. (Parece-me que esta incoerência ameaça sobretudo Martini, mas é estranho que Eco — depois de ter dito que o homem, filho do acaso, inventa grandes ilusões para sobreviver — considere "milagrosa" esta capacidade de iludir-se quando, ao contrário, sua presença significa simplesmente que a vontade de viver, presente no homem, possui um grau de intensidade suficiente para fazer com que se iluda a tal ponto. Leopardi mostrava que quando tal intensidade decresce e as ilusões desaparecem o homem torna-se coisa morta.)

A simetria entre os dois discursos vai mais além, pois ambos colocam como evidente um conteúdo que evidente não é. Martini, parece, aproxima perigosamente os "princípios metafísicos" dos princípios religiosos da ética. Tomás de Aquino e a Igreja estão conscientes de sua diversidade. Os primeiros são verdades evidentes da *razão* e são *absolutos* porque são evidentes. Eles pertencem àquilo que os gregos chamam de *epistéme*, Tomás de *scientia*, Fichte e Hegel de *Wissenschaft*. Os segundos são dados, ao contrário, pela revelação de Jesus que se propõe a si mesma como mensagem sobrenatural, excedendo qualquer capacidade da razão; e seu *absolutismo* a certeza absoluta do ato de fé (*fides qua creditur*), que é fé naquela configuração do Absoluto que é o mistério trinitário (*fides quae creditur*). Quando se considera — como Hans Küng em um trecho citado por Martini — que "a religião pode fundamentar de maneira inequivocável porque a moral... deve vincular incondicionalmente... e, portanto, universalmente", não se pode conceber a inequivocabilidade religiosa como verdade evidente da razão. A religião fundamenta "inequivocavelmente" o vínculo moral, no sentido em que esta fé concorda com os conteúdos sobrenaturais da revelação e com seu pôr-se como determinação da moral. E a fé é a certeza absoluta de coisas não evidentes (*argumentum non apparentium*), que são um problema mesmo do ponto de vista da "razão", tal como é entendida pela Igreja católica (embora esta última evite reconhecê-lo e, com Tomás, afirme a "harmonia" entre fé e razão). A fé é um fundamento problemático da moral; como problemáticas são a incondicionalidade e a universalidade da moral, concebidas como fundamentadas na religião.

♦ *101* ♦

EM QUE CREEM OS QUE NÃO CREEM?

Mas Eco também coloca como fundamento da ética algo que não é evidente. "Convencido de que certamente existem noções comuns a todas as culturas" (como a de alto e baixo, de uma direita e de uma esquerda, do estar parado e do mover-se, do perceber, recordar, gozar, sofrer etc.) — e "convencido de que certamente existem" é um modo de dizer que sua existência é incontrovertível e evidente — ele sustenta que tais noções são "a base para uma ética" que comanda "respeitar os direitos da corporalidade do outro". Ora, que tais noções existem e que a existência do próximo seja, como sustenta Eco, um ingrediente inelimínavel de nossa vida é uma tese do senso comum; mas como não é uma verdade evidente, mas uma conjetura, uma interpretação do conjunto de acontecimentos que são chamados de linguagem e comportamentos humanos; é, portanto, algo de problemático. Estar "certo" da existência do conteúdo de tais interpretações é, portanto, desde o início, uma fé. Uma fé que Eco, como Martini, coloca como evidência. E como para a tradição existe uma "lei natural" imodificável, que o comportamento humano tem que levar em consideração, assim, para Eco, há na base da "ética laica" um "fato natural" tão imodificável, metafísico e teológico quanto esta: o *instinto natural*. Mas em sua forma mais avançada a filosofia contemporânea nega qualquer noção comum ou universal (e consequentemente a que está presente no "não fazer aos outros o que não queres que façam a

102

ti", que Eco reivindica), já que também o universal é um imutável que antecipa e inutiliza a inovação absoluta que consiste no devenir. A boa-fé da ética contemporânea leva ao ocaso da boa-fé que a tradição pretende fundar sobre a verdade do pensamento filosófico ou sobre a verdade à qual a fé se refere.

Mas acima das formas filosófico-religiosas da boa-fé, e todavia legitimada pela inevitabilidade deste ocaso, coloca-se há muito tempo a ética da ciência e da técnica, ou seja, a boa-fé constituída pela convicção de que aquilo que deve ser feito, a tarefa suprema a ser realizada é o incremento indefinido daquela capacidade de realizar objetivos que o aparato científico-tecnológico planetário está convencido de saber promover mais que qualquer outra força e que hoje é a condição suprema da salvação do homem sobre a Terra. No tempo da morte da verdade, a ética da técnica tem a capacidade prática de subordinar a si mesma qualquer forma de fé. Mas qual é o sentido da técnica? E como é possível que a civilização do Ocidente consiga afastar a violência se ela coloca como próprio fundamento aquela fé no devenir que — pensando as coisas como disponíveis para a produção e para a destruição — é a raiz mesma da violência?

fevereiro de 1996

O BEM NÃO PODE BASEAR-SE
EM UM DEUS HOMICIDA

De Manlio Sgalambro

As interrogações que o cardeal Martini levanta em sua última intervenção, e sobre as quais pediram-me que me pronunciasse, induzem a partir de uma pergunta posterior: como o bem penetra entre os homens? Como acontece de às vezes se abater em meio a este bando de canalhas, com a rapidez de um raio, alguma coisa, um ato bom, um gesto de pena e se retirar com a mesma velocidade? A maravilha ética nos inicia à moral em um mundo em que é mais fácil que aconteça um crime. "Seria talvez necessário um pretexto para cometer um crime?", pergunta a princesa Borghese em *Juliette*. O início da ética é íntimo do estupor. O mal social é uma insignificância diante do mal metafísico: um ato de bem contém a mais absoluta negação de Deus.

◆ *105* ◆

EM QUE CREEM OS QUE NÃO CREEM?

Contesta a ordem do mundo, atenta contra o ordenamento que se quer divino. O bem é a maior tentativa de anular "o ser". Portanto, não pode basear-se em Deus, em algo que, de qualquer modo, teria dado origem a um mundo que se sustenta *ontologicamente* na mútua *carnage*. No bem nega-se, portanto, Deus. Mas "o ser", isto é, Deus ou a ordem "metafísica" do mundo, leva sempre a melhor. Como se pode, portanto, fundar o bem em Deus? Recordo o juízo geral de Spinoza sobre intelecto e vontade em Deus, juízo que pode ser expresso da seguinte maneira: Deus não é inteligente nem bom. Mas ser, ser bruto, acrescentaria um coerente discípulo de Spinoza. Chamamo-lo Deus apenas pela potência. De qualquer modo, suspeito que existam muitas outras coisas que foram caladas na filosofia de Spinoza. Estimado senhor, gostaria em qualquer caso de fazer com que note todo o peso que a grande teologia escolástica suporta por esta existência. Fazê-lo notar os mil subterfúgios com que ela esconde a sua raiva! As leis de exclusão da impiedade são leis complexas e praticadas em estado de sonambulismo, sem que possamos, portanto, nos dar conta de nada, como acontece a cada vez que se pratica uma infidelidade. A ideia de Deus não deve ser, aí está, a ideia que eu faço de Deus, a ideia que um ímpio se faz de Deus. Deus não deve ser. Acrescento o modo como isso pode ser deduzido da austeridade da impiedade. Não podemos nos associar a uma natureza inferior. Creio estar certo da natureza inferior de Deus. A ideia de Deus não envolve uma natureza divina. Estou muito preocupado com a opinião corrente que se tornou um nexo incindível de ideias. Vejo com amargura que a ideia de Deus e a ideia do bem se apresentam ligadas. Pelo menos quando não nos refreamos. Neste momento, compartilhamos as piores astúcias de um espírito perturbado. O senhor certamente não sabe, mas eu sustento que o bem só se pode pensar, não fazer. O que o senhor diria se eu acrescentasse que sendo "pensamento" não pode "ser"? Acrescento também que para mim a impiedade é sede inexausta de bem e fico indignado que isso seja ligado a Deus, cuja ideia, volto a dizer, o rejeita totalmente.

Ao eleger um homem para próximo, irmão, contesta--se o Absoluto que nos joga juntos na morte. Pois para nós mortais querer o bem de alguém é querer que este alguém não morra.

Eleger um homem para próximo é elegê-lo para a vida. Como se pode então fundar este ato em um Deus "que nos chama a Ele"? *Ille omicida erat ab initio*: no próprio princípio ontológico está contida a nossa morte. O ato do bem no momento em que elege um "outro" como próximo, diz: tu não deves morrer. O resto é uma subespécie do útil. No bem há aflição e dor pelo fato que se morre. O bem é uma luta contra a mortalidade do outro, contra "o ser" que o suga e o mata (ou, segundo as terríveis e ameaçadoras palavras de um tratado de Meister Eckhart que assim descrevem o ato em que se é "unido" a Deus: "Uno com o Uno, uno pelo Uno, uno no Uno e, no Uno, eternamente uno"). Entendido desta maneira o bem é impraticável e é apenas "pensamento". Mas como se poderia, de resto, sustentar uma visão que não fosse a da impraticabilidade do bem? Querer o bem do outro é querer que ele não morra, eis tudo. (Como se pode ligar, repito, a ideia do bem a Deus, que é a própria morte? Creio, ao contrário, que a ideia de Deus e a ideia de morte estejam a tal ponto associadas que podemos adotar tanto um nome, quanto o outro.) O resto é *Justiz und Polizei.*

fevereiro de 1996

PARA AGIR MORALMENTE, CONFIEMOS NO INSTINTO

de Eugenio Scalfari

O cardeal Martini não é apenas um pastor de almas que atua em uma das mais importantes dioceses italianas: é também um padre jesuíta de grande cultura, um intelectual militante com aquele tanto de espírito missionário que constitui um espécie de traço genérico da Companhia da qual faz parte.

Os padres jesuítas nasceram missionários e não apenas para converter à fé distantes etnias educadas para outras civilizações e outras religiões, mas também para frear, na cristianíssima Europa, o terremoto luterano e a ainda mais devastante difusão da nova ciência e da nova filosofia.

Os tempos, desde então, mudaram muito; basta pensar que a Companhia, depois de ter representado durante séculos a ala direita — se se pode dizer assim

— da Igreja romana, muitas vezes colocou-se, nestes anos mais recentes, nos limites da heterodoxia compartilhando com ela, se não as teses teológicas, os comportamentos sociais e até mesmo os objetivos políticos.

Quero dizer que os jesuítas de nossos tempos privilegiaram seu desejo de conhecer o Outro em relação à missão de convertê-lo: comportamento de grande interesse para um leigo que tenha condições de manifestar a mesma disponibilidade para o conhecimento e para o diálogo.

A troca de cartas entre Martini e Umberto Eco, que li nos números precedentes desta revista, fornece um exemplo insigne desta abertura recíproca e neste sentido é muito apreciável. Pergunto-me se é possível proceder de tal ponto de partida para contribuir a uma nova fundamentação de valores. O cardeal faz votos de que assim seja, mas — se compreendi bem as suas palavras — vincula o resultado à redescoberta do Absoluto como única fonte possível da lei moral.

Ora, esta posição é preliminar. Se não for esclarecida, será bastante difícil proceder conjuntamente, leigos e católicos, à fundação de novos valores capazes de suscitar comportamentos voltados para o bem comum, para a busca do justo; em suma, para uma ética apropriada às necessidades e esperanças dos homens do século XXI.

Os Padres da Igreja, mesmo dando à graça um peso decisivo na salvação das almas, não renunciaram jamais a percorrer, mesmo que em vias subsidiárias, a estrada

CORO

que, unicamente com auxílio da razão, deveria levar o homem a conhecer e a reconhecer o Deus transcendente.

Por um inteiro milênio esta tentativa ligou-se à tese da Causa Primeira, do Motor Primeiro. Mas depois os intelectos mais requintados compreenderam que aquela tese já tinha perdido qualquer força de persuasão na medida em que a ciência destronava o homem e, com ele, seu criador.

No momento mesmo em que a necessidade e o acaso tomavam o lugar da causalidade e do destino, a pretensão de remontar, com a razão, do efeito final à Causa Primeira tornou-se insustentável e, de fato, nenhuma mente madura recorre mais a tais argumentos.

Mas nem por isso a vocação missionária atenuou-se; apenas mudou de terreno. Se os Padres da Igreja haviam ligado a busca do Absoluto à relação entre o criado e criador, seus epígonos modernos repropuseram o Absoluto como único fundamento possível do sentimento moral. Já que o homem não é dominado apenas pelo próprio egoísmo, mas também por um anseio de virtude, de conhecimento, de bem e de justiça e já que estes sentimentos são, em larga medida, conflitivos em relação ao puro e simples amor de si, eis a preciosa indução por meio da qual o conhecimento e o amor pelo Outro são considerados derivados daquele Deus transcendente, que já não se sustentava mais na figuração de grande artífice do universo. Portanto, não mais Primeiro Motor,

♦ *111* ♦

mas fonte de mandamentos e de valores morais: esta é a moderna figuração que os católicos dão do Deus transcendente nos limiares do terceiro milênio.

Isto é, o Deus transcendente, no imaginário católico, deixou de ser a potência ordenadora do caos universal de que falam os primeiros católicos do Gênesis, para adequar-se à medida do homem, fonte de verdade, bondade e justiça. Os animais, as plantas, as rochas, as galáxias, em suma, a natureza sai do domínio do divino e assim desaparece também a imagem apocalíptica do Deus das batalhas, das tentações e das punições terríveis e cósmicas. Verdade, bondade, justiça mas, sobretudo, amor: esta é a representação cristã que emerge da cultura católica mais cauta e avançada no início do século XXI.

Uma espécie, portanto, de humanismo católico que permite o encontro com outras culturas, religiosas e irreligiosas, que guardam bem viva a chama da moralidade.

Esta evolução da cultura católica da metafísica à ética só pode ser recebida pelos leigos como um acontecimento extremamente positivo. Entre outras coisas, depois de um longo parêntese de declínio, a filosofia está registrando de novo, há algum tempo, um fervor de estudos justamente no campo da moral, enquanto por seu lado a ciência se coloca hoje problemas que antes eram apanágio exclusivo das especulações dos filósofos. Quando a reflexão modifica sua ótica e seus objetivos, isso sempre acontece sob o impulso das necessidades

CORO

dos homens, os quais, evidentemente, estão hoje muito mais empenhados nos problemas da convivência do que naqueles da transcendência.

Neste ponto, alguém poderia objetar-me — se minhas observações fossem compartilhadas — por que razão afinal eu coloco aqui o tema do Absoluto para negar que este conceito pode ser utilizado como fundamento da moral. Por que não deixar que cada um resolva a seu modo problemas de natureza metafísica e, portanto, sem influência nos comportamentos e nas motivações que os determinam?

Eu responderia que o Absoluto foi um tema colocado por Martini. Portanto, por um lado é forçoso responder-lhe e, por outro, há que convir que efetivamente ele não é desimportante para o tema que estamos discutindo. Com efeito, o cardeal coloca uma questão à qual não me parece que Eco tenha respondido plenamente, isto é: se a moral não estiver ligada aos mandamentos derivados do Absoluto ela será frágil, relativa, mutável, ela será — ou poderá ser — uma não moral ou até mesmo uma antimoral.

Não seria do pensamento ateu a responsabilidade por ter relativizado a moral e, portanto, aberto o caminho para a sua derrocada, para a dissolução de todos os valores e, enfim, para a confusão em que mergulhamos? Não seria preciso partir do Absoluto para refundar tais valores e sair do reino de egoísmo em que estamos afundados?

♦ *113* ♦

EM QUE CREEM OS QUE NÃO CREEM?

Assim parece raciocinar o cardeal. E é sobre esse ponto que lhe deve ser dada uma resposta. Ele a reivindica e tem portanto o direito de recebê-la.

O cardeal pensa — nem poderia ser de outro modo se não por outra coisa, pelo hábito que veste — que a moral tenha na alma a sua sede e na doce debilidade do corpo a sua permanente tentação. Ou seja, o cardeal baseia todo o seu discurso na separação entre corpo e alma, sendo esta última feita à *imagem e semelhança* do criador, a ele ligada por uma densa rede de correspondências — primeira entre todas a possibilidade da graça e, a seu lado, ou talvez independentemente dela, a inspiração para o bem, perenemente ameaçado, mas sempre ressurgente.

Esta crença na alma não é discutível pois é axiomática para quem a tem. De resto, como se sabe, a prova negativa é impossível. Enfim: porque então um ateu deveria esforçar-se inutilmente para colocar em discussão os baluartes que o crente erigiu em defesa de suas ultraterrenas certezas?

Através da comunicação entre a alma e o Deus que a criou, o homem recebeu, portanto, a inspiração moral, mas não só ela: junto recebeu também as normas, os preceitos, a lei que os traduzem em comportamentos, com os respectivos prêmios para quem obedece e castigos, às vezes leves, às vezes tremendos e eternos, para quem não os adota.

Naturalmente, normas e preceitos podem ser interpretados e, portanto, relativizados segundo os tempos

◆ 114 ◆

CORO

e lugares; muitas vezes os castigos celestes foram cancelados pela clemência e pelas indulgências sacerdotais; outras vezes foram, ao contrário, antecipados pelo braço secular com os processos, as prisões, as fogueiras.

A história da Igreja, junto com os infinitos atos de fé e de bondade, é tecida intimamente pela violência dos clérigos e das instituições por eles dirigidas. Sempre se poderia dizer que todas as instituições humanas e os homens que as administram — mesmo os ministros de Deus — são suscetíveis de falhas e seria verdade. Mas o que se pretende discutir aqui é outra e mais importante questão: não existe ligação com o Absoluto que tenha podido impedir a relativização da moral; queimar uma bruxa ou um herege não foi considerado pecado e menos ainda crime durante quase a metade da história milenar do catolicismo; ao contrário, estas crueldades que violavam a essência de uma religião que havia sido fundada no amor, eram realizadas em nome e sob a tutela desta mesma religião e da moral que deveria fazer parte dela intrinsecamente.

Repito: não estou desenterrando erros e até crimes que hoje — mas só hoje — a Igreja já admitiu e repudiou; estou simplesmente afirmando que a moral cristã, eminentíssimo cardeal, ligada ao Absoluto que emana do Deus transcendente, efetivamente não impediu uma interpretação relativizante da própria moral. Jesus impediu que a adúltera fosse lapidada e sobre isso edificou

♦ 115 ♦

uma moral baseada no amor, mas a Igreja fundada por ele, mesmo sem negar esta moral, interpretou-a de uma maneira que levou a verdadeiros massacres e a uma cadeia de delitos contra o amor. E isto não apenas em casos esporádicos ou por algum erro trágico de pessoas isoladas, mas com base em uma concepção que guiou o comportamento da Igreja durante um pouco menos de um milênio. Concluo sobre este ponto: não existe ligação com o Absoluto, não importa o que se queira entender por esta palavra, que evite a mutação da moral segundo os tempos, os lugares e os contextos históricos nos quais uma vivência humana se desenvolve.

Qual é, portanto, o fundamento da moral no qual todos, crentes e não crentes, podemos nos reconhecer?

Pessoalmente sustento que ele reside na pertinência biológica dos homens a uma espécie. Sustento que na pessoa se defrontam e convivem dois instintos essenciais: o da sobrevivência do indivíduo e o da sobrevivência da espécie. O primeiro dá lugar ao egoísmo, necessário e positivo desde que não supere um limite além do qual se torna devastador para a comunidade; o segundo produz o sentimento da moralidade, isto é, a necessidade de responder pelo sofrimento do outro e pelo bem comum.

Cada indivíduo elabora estes dois instintos profundos e biológicos com a própria inteligência e a própria mente. As normas da moral mudam e devem

CORO

mudar, pois muda a realidade à qual são aplicadas. Mas em um ponto são imutáveis por definição: normas e comportamentos só podem ser definidos morais na medida em que superarem de algum modo o horizonte individual e agirem para realizar o bem do próximo.

Este bem será sempre fruto de uma elaboração autônoma e, portanto, relativa, mas esta elaboração não poderá jamais prescindir da compreensão e do amor pelos outros, pois este é o instinto biológico que está na base do agir moral.

Pessoalmente desconfio daquele Absoluto que dita mandamentos heteronômicos e produz instituições incumbidas de administrá-los, sacralizá-los e interpretá--los. A história, cardeal Martini, mesmo aquela da Companhia religiosa a que o senhor pertence, me autoriza e, mais que isso, me incita a desconfiar.

Por isso, deixemos de lado as metafísicas e as transcendências se quisermos reconstruir juntos uma moral perdida; reconheçamos juntos o valor moral do bem comum e da caridade no sentido mais alto do termo; pratiquemo-lo profundamente, não para merecer prêmios ou escapar de castigos, mas simplesmente para seguir o instinto que provém da raiz humana comum e do código genético comum que está inscrito no corpo de cada um de nós.

fevereiro de 1996

DA AUSÊNCIA DE FÉ COMO INJUSTIÇA

de Indro Montanelli

Sou grato aos amigos de *liberal* pelo convite para intervir neste debate entre o cardeal Martini e Umberto Eco, embora o meu seja um muito obrigado um pouco titubeante. Não em relação ao leigo Eco, com o qual tenho em comum pelo menos a linguagem. Mas enfrentar estes temas com um homem de Igreja da estatura de Martini arrepia-me um pouco. De qualquer forma, eis em toda a humildade aquilo que penso.

Nada a objetar quanto à argumentação do cardeal, que me parece ser a seguinte. Aqueles que pensam poder reduzir a religião a uma crença moral sem fundamento em um valor transcendental não podem resolver seu problema existencial, pois a Moral não tem em si nada de Absoluto, sendo as regras por ela ditadas sempre relativas, pois levadas a adequar-se às mudanças que sobrevêm, no tempo e no espaço, nos costumes dos homens.

◆ *119* ◆

EM QUE CREEM OS QUE NÃO CREEM?

Como negá-lo? Eu mesmo que, em minha insignificância e sem nenhuma pretensão de sucesso, busco no estoicismo um modelo de comportamento tenho que reconhecer sua relatividade e, portanto, sua insuficiência: apanágio também de seu próprio mestre, Sêneca, que o levaram a ciscar pela vida de maneira bastante diversa daquela que pregava, com a qual fez par apenas na morte. Certamente as suas contravenções ao próprio credo moral foram devidas ao fato de que este credo não teve o apoio de um valor transcendente que o tornasse absoluto, imprescritível e inevitável.

Quem pode negar que através de um simples código de comportamento, mesmo o mais elevado, ninguém teria encontrado a força e a coragem para subir à cruz, e que sem isso o cristianismo teria se transformado em mais uma "academia" pura e simples entre as muitas que floresciam na Palestina, destinada apenas a acumular poeira nos escaninhos de alguma sinagoga em Jerusalém? E sei também, Eminência, que diante de vocês, crentes, armados da fé em algo que lhes é transcendente, isto é, em Deus, nós, que tal fé buscamos sem conseguir encontrar, estamos em desvantagem, seres prejudicados que nunca terão a força de se transformarem no outro a ponto de dar a própria vida pela sua e talvez sequer de resistir às ofertas tentadoras de um Nero. Mas (eis a objeção que me permito levantar ao cardeal, sempre, repito, em toda a humildade), basta a consciência dessa desvantagem para dar fé? Ou é preciso algo mais?

CORO

Eu sei muito bem que aqui esbarramos em um problema, o da Graça, sobre o qual não posso, sem dúvida, medir-me como cardeal Martini. Mas ele há de convir que este problema não perturba apenas os pobres desprovidos como eu; ele tem, até agora, dividido não apenas o mundo cristão, mas, sorrateiramente, também o mundo católico. Porque os primeiros a dizer que a fé é uma iluminação concedida, por gracioso dom do Senhor, àqueles que, em seu indiscutível juízo, Ele destina à salvação, não foram Lutero e Calvino; foram os dois maiores Padres da Igreja, Paulo e Agostinho, se é que interpretei bem algumas de suas passagens, lidas por mim, infelizmente, em uma *vulgata* e sem o auxílio da teologia.

Eu confesso: não tenho vivido e não vivo a falta de fé com o desespero de um Guerriero, de um Prezzolini, de um Giorgio Levi della Vida (para limitar-me às vivências de meus contemporâneos, das quais posso dar meu testemunho). Mas eu a senti sempre, e a sinto, como uma injustiça que retira de minha vida, agora que cheguei ao ajuste de contas final, qualquer sentido. Se é para fechar os olhos sem ter sabido de onde venho, para onde vou e o que vim fazer aqui, melhor era nem abri-los.

Espero que o cardeal Martini não tome esta minha confissão como uma impertinência. Pelo menos nas intenções, é apenas uma declaração de falência.

fevereiro de 1996

COMO VIVO NO MUNDO, EIS O MEU FUNDAMENTO

de Vittorio Foa

Não estou convencido de que um confronto entre crentes e não crentes seja um caminho útil para indagar o fundamento último da ética. Entretanto, quem crê está assim tão seguro de acreditar? E quem não crê (falo por experiência própria) está realmente seguro de que não acredita? Sempre pensei que um crente, mesmo se sabe, não para de buscar. As fronteiras são incertas.

Se um crente pede a um não crente que justifique as suas certezas éticas sem exigir de si mesmo que justifique a relação entre sua fé e suas próprias certezas, corre-se o risco de saltar toda a história humana e impor, preconceituosamente, uma hierarquia que pode inutilizar o próprio confronto. Pede-se ao não crente: diga-me em que acredita quem não crê! Com um pequeno jogo de palavras dá-se como certo que o único modo de crer

EM QUE CREEM OS QUE NÃO CREEM?

é aquele de quem faz a pergunta e o problema fica resolvido já de início, não há necessidade de justificações.

Além da inutilidade, há um segundo risco que espelha o primeiro. Se a fé em um Deus pessoal permite "decidir com certeza nos casos concretos o que é altruísmo e o que não o é" ou ainda, permite "dizer que determinadas ações não as posso realizar de maneira nenhuma, custe o que custar" (Martini), o crente que sabe o que é verdadeiro e o que é justo tem não apenas o direito, mas o dever de conseguir que também os outros realizem o verdadeiro e o justo. Abre-se assim a confusão entre a letra e o Espírito, entre o Livro e a ética. No fundamentalismo a experiência religiosa se dissolve. O fundamentalismo está também nos não crentes. O confronto não é entre crentes e não crentes, mas entre modo de crer e modo de não crer.

É preciso algo mais, além da fé religiosa ou de um elaborado humanismo ou racionalismo. Não consigo falar de ética se não vejo o mal e não me vejo dentro dele. Penso no ódio étnico. Olhei-o nos olhos, em formas diversas, durante quase todo o século. Havia começado, o século, com o nacionalismo dos Estados e com o sofrimento e a morte de nove milhões de jovens homens. Aquele nacionalismo não tinha caído do céu, não era uma fatalidade. Tinha nascido das transformações, eu diria mesmo da reviravolta de experiências civis, do sentimento nacional como sentir comum de uma comunidade, do querer ser como os outros, com

CORO

outros. A reviravolta havia se transformado em negação dos outros, vontade de morte. As leis da história inventadas para justificar aquele massacre eram todas falsas. A cada ponto do processo teria sido possível tentar interrompê-lo. A identidade de uma comunidade, assim como a de um indivíduo, nasce por *diferença*. O ponto nodal da ética está nesta diferença: é negação do outro ou é, ao contrário, convivência e busca comum? Aquele ódio não era fatal, era uma construção humana, podia-se agir de maneira diversa.

No final do século, a um braço de mar de distância de nós, eis de novo a guerra étnica, não o horror de sua limpeza. É, ainda uma vez, uma construção humana, não é uma catástrofe natural. Que problema nos colocou? É justo chorar pelos males humanos, mas não basta. É justo rezar, mas não basta. É justo ajudar, mitigar os sofrimentos, como fez admiravelmente o voluntariado católico, mas não basta. O problema é compreender que existem agressores e agredidos, carniceiros e vítimas, que é preciso reconhecer as vítimas, tirar se possível a arma das mãos dos carniceiros.

A pregação do altruísmo como primado dos outros acaba por ser fastidiosa e inútil. A fonte do mal está na maneira do Eu conduzir-se, na maneira como nos organizamos, a nós mesmos e a nossa relação com o mundo. Existe uma tentação difusa, verdadeira fuga da realidade, de negar a comunidade (ou o indivíduo)

EM QUE CREEM OS QUE NÃO CREEM?

com seu egoísmo, de recusar a identidade *por diferença*. Devemos, pelo contrário, partir exatamente daí. Não posso chegar ao amor pelos outros se não parto de um exame de mim mesmo. Estamos, ao que tudo indica, no início de grandes migrações no mundo e estamos, aqui na Itália, culturalmente despreparados para o evento. As raízes do ódio (e do racismo que lhe é proposto como modelo) são profundas; aquilo que em determinado momento se apresenta como inelutável é apenas o produto de todas as irresponsabilidades precedentes, do modo como afrontamos a intolerância, a insegurança cada vez mais difusa. Continuamos a prometer segurança em vez de buscar um modo de viver a insegurança no respeito recíproco, sem o afã da autodefesa.

De modo análogo, a questão ética se coloca para todos os aspectos do desequilíbrio crescente entre o progresso técnico, com sua capacidade destrutiva e autodestrutiva, e o nível de responsabilidade pessoal. Respeito profundamente quem retira suas certezas éticas da fé em um Deus pessoal ou de um imperativo transcendente. Gostaria de pedir um pouco de respeito, um pouco menos de presunção em relação a quem retira suas certezas não da frágil convicção de ter agido bem, mas do modo como afronta a relação de sua própria vida com a vida do mundo.

fevereiro de 1996

♦ 126 ♦

O CREDO LAICO DO HUMANISMO CRISTÃO

de Claudio Martelli

Fala-se comumente de leigos e católicos, de crentes e não crentes como se se tratasse de entidades sempre separadas e opostas, como de nações ou etnias culturalmente separadas e alheias, estrangeiras, intoleráveis uma em relação à outra. Depois disso, de quando em quando e com grande esforço, busca-se o diálogo. Permito-me observar que as coisas não deveriam ser assim e, felizmente, assim não foram e não têm sido muitas vezes.

Pelo menos entre a maioria dos homens e mulheres do Ocidente.

Para conquistar um ponto de vista diverso devemos ao menos supor que o que existe entre leigos e católicos, entre crentes e não crentes — no máximo e para a maioria dos homens, ao menos no Ocidente — não é uma distinção abissal e sim uma fronteira móvel

EM QUE CREEM OS QUE NÃO CREEM?

não apenas entre nós e os outros, mas, o que conta mais, dentro de nós.

O ponto de vista que sugiro é que a consciência moderna forjou-se como unidade pessoal para milhões de seres humanos ao mesmo tempo a partir do cristianismo e do iluminismo. Não sei se agiu a astúcia da razão ou a força das circunstâncias, mas o que vejo, no máximo, são indivíduos nos quais, em maior ou menor grau de consciência, misturam-se educação cristã e educação iluminista, dando vida ao conjunto que chamamos de laicismo, à identidade que denominamos laica.

Termos aos quais deve ser restituído o significado original de uma fé nos limites da razão, da razão difusa no povo, do bom senso que, como dizia Descartes, é tão difuso que cada homem pensa tê-lo recebido como um dote.

Quando, da parte laica, declaram-se as próprias credenciais e alude-se às próprias origens, temos, no máximo, uma referência ao iluminismo.

Mas o iluminismo não é "outro" em relação ao cristianismo. Com as devidas exceções — o ceticismo de David Hume e o materialismo mecanicista de D'Holbach e de Helvetius — o iluminismo é interno, não estranho à evolução milenar do cristianismo, a suas notáveis relações com o poder, consigo mesmo, com a sociedade, os costumes e as ciências.

Como a Reforma protestante, o iluminismo recorre ao indivíduo cristão contra a Igreja católica e as seitas

♦ 128 ♦

reformadas. Mas, diversamente da Reforma, não prega um cristianismo puro contra um outro impuro, mas um cristianismo universal baseado no bom senso.

O iluminismo — Reforma adiada — acelera e desloca a racionalização do cristianismo, laiciza e seculariza a mensagem cristã, mas até o máximo do teísmo. O alvo dos iluministas é a ignorância, pois a ignorância, sobretudo no poder, é uma máquina de problemas, uma ameaça permanente para a humanidade. Os iluministas perseguem um objetivo político com as armas da crítica intelectual; um grau certo de maior liberdade, maior tolerância das opiniões e dos direitos de todos, reformas econômicas e jurídicas, escrúpulos, eficiência, justiça. "Deixem-se guiar pelos *philosophes!*"

Nunca havia acontecido de escritores, cientistas, poetas, historiadores, políticos, matemáticos tomarem seu próprio tempo pela mão e, com a violência clemente da razão, o fizessem avançar simplesmente jogando peso fora.

O iluminismo não é ruptura com o *ethos* cristão: é uma tentativa de purificá-lo dos absurdos e do fanatismo. Sequer a revolução — ao menos no início e até o despotismo e as intrigas dos jacobinos, o terror e a decapitação do rei e da rainha — é hostil ao cristianismo.

O iluminismo de Bayle e de Voltaire, de Rousseau e de Kant, de Newton e de La Place é, talvez de modo crítico e desencantado, cristão; heterodoxo, ecumênico, tolerante, mas cristão e, se não completamente crente em um Deus pessoal, preponderante, convicta e declaradamente teísta.

A consciência laica e suas declinações — o respeito aos outros, a inviolabilidade dos direitos da pessoa, a liberdade da ciência, a sofrida aceitação do pluralismo religioso e político, da democracia política e do mercado econômico — tudo isso nasce dentro e não fora do cristianismo, dentro e não fora da história do Deus do Ocidente.

Os inquietações de Galileu não eram fictícias: isto permite supor que Galileu, além de pensar seriamente, também acreditava seriamente. E como Galileu, quantos mais? E nós que dizemos não crer, não acreditamos, nós também, em alguma coisa?

São valores puramente racionais e, todavia, exigimos que sejam professados e praticados: da obrigação escolástica à sanitária, ao respeito das leis, dos valores e de todos os infinitos regulamentos e contratos e prazos e validades da nossa cotidiana existência e — há quem ainda creia — até mesmo da obrigação moral, se não penal, de votar a cada eleição.

Isso também é crer: crer nas ciências, na medicina, na carreira, nas ordens profissionais, nos juízes, na polícia, nas seguradoras: a vida do homem contemporâneo é um contínuo ato de fé laico em coisas às vezes bastante

CORO

obscuras, absurdas e derrisórias do que aquelas que são declaradas como premissa, baseadas no mistério.

Contudo, em princípio, tenho dificuldades para aceitar que um ensinamento e um mandamento fundado em um mistério transcendente sejam os melhores guias para o agir moral. Como bom iluminista cristão, por trás dos valores reconheço os poderes. Nada tenho contra os mistérios. Temo a revelação. O inesperado surgir e oferecer-se de uma necessidade, de uma descoberta, de um lado novo da sociedade, da ciência, da arte, da cultura e o também brusco manifestar-se da repressão, da censura agressiva dos comportamentos não conformes ou conformes a uma norma que se mantém sozinha por sua sua força, que é verdadeira e límpida em sua evidência e em sua autonomia.

O cristianismo é um grande, talvez o maior humanismo, o único que, além de heróis e semideuses, de imortais, de reencarnações e de imóveis teocracias concebeu o Deus que se faz homem e o homem que se faz Deus e em seu nome evangelizou o Ocidente, e o Ocidente cristão libertou o homem.

Em épocas e momentos diversos os cristãos foram perseguidos e perseguidores e o cristianismo inspirou a vontade de poder de um povo, de um clero, de um homem, assim como os direitos da pessoa, das gentes e sua libertação de injustos domínios.

Pensar em discutir com o cristianismo como quem discute com uma ideologia compacta e coerente; pior, argumentar em juízo como quem afronta um estudo legal associado é tolice. Reduzir a uma fábula, a um preconceito, a uma superstição, a simples poder o maior, o mais duradouro, o mais abrangente humanismo forjado pelo homem é um delírio grotesco.

O mito cristão se repropõe do extremo de um teísmo personalista e de uma fé tão laicizante que pretende medir-se apenas com as próprias obras, até os opostos antípodas da santidade radical e do temporalismo obtuso. Seu *ethos* profundo, incoercível, foi interpretado como *ratio* e como *absurdum*, como mística e como lógica, como liberdade e como prisão, como sentido da vida e como sentido da morte. Definitivamente, porém, o *ethos* cristão é amor.

Somente os jesuítas e sua psicanálise do poder esquecem e tendem a encobrir este ponto, todos os outros o sabem: a ética cristã é amor. E o amor de que fala o cristianismo não é uma dedução lógica, mas uma intuição do coração: afinal não quer ser demonstrado e desrespeitado mas, antes, mal compreendido na doutrina, porém confirmado nos fatos.

É este cristianismo essencial, este cristianismo como amor, este cristianismo do senso comum o novo mito racional elaborado pelos *philosophes*, empunhado pelos iluministas contra o cristianismo como poder, como superstição, como alquimia sofística, idólatra e violenta, brandida horrivelmente contra outros cristãos, réus de não pensar do mesmo modo sobre o papa e sobre Nossa Senhora, sobre os santos e sobre a confissão. Este cristianismo degenerado — não somente pela Roma e pela Paris papistas, mas também pela Genebra intolerante de Calvino — é a causa também do ateísmo. Para Voltaire são "as inconcebíveis asneiras" do cristianismo escolástico pseudocientífico, clerical e temporal, seus privilégios, seus abusos e suas fraudes que abalam não apenas a nossa honestidade intelectual, mas também a nossa fé cristã.

Neste ponto "as mentes fracas e temerárias" acrescentarão "que negam o Deus que aqueles mestres desonram". Não é assim que se orientam os espíritos firmes e sábios, que compreendem que Deus não tem nada a ver com isso, mas que é culpa "destes nossos mestres que atribuem a Deus os seus absurdos e furores".

Para concluir belamente, autocitando-se: "um catequista anuncia Deus aos jovens, Newton o demonstra aos sábios" (Voltaire, *Dictionnaire philosophique*, verbete Ateu, Ateísmo).

E o que dizer do outro pai fundador e paladino incansável do laicismo, o que dizer de Kant que pregava e predizia a paz perpétua e o governo universal e que até via no homem três mentes: uma especulativa, uma prática e uma estética? Exausto pelo esforço gigantesco e minucioso de emancipar, em princípio, à maneira alemã, a pesquisa científica das visões metafísicas, apressa-se a

EM QUE CREEM OS QUE NÃO CREEM?

submeter a recém-liberada ciência pura (note-se, teórica e não tecnológica) a um novo patrão: a razão moral. Esta segunda, aliás mãe primeira de nossas possibilidades, nos informa, em um ponto determinado de nosso desenvolvimento, que se quisermos, como podemos e devemos, seguir uma linha de conduta moral, formar um só com um critério moral estável e incondicionado, não podemos deixar de aceitar como postulados ("proposição teorética e como tal não demonstrável, pois inerente inseparavelmente a uma lei prática que tem um valor incondicionado *a priori*") a imortalidade e a existência de Deus (Kant, *Crítica da razão pura*, 1963).

A grandeza de Kant, no plano ético, está exatamente nesta laicização híbrida, neste heroísmo da conciliação racional com a essência do cristianismo. Um cristianismo redefinido como esperança em um porvir e beatitude que se desenvolve através do aperfeiçoamento infinito do espírito humano, que tem sua garantia na existência de Deus como bem supremo.

Em Voltaire menos, em Kant mais, o laicismo mostra a marca do iluminismo cristão que reabsorve custosamente a cisão latente no homem ocidental.

Não é assim com os laicismos de Marx, de Nietzsche ou de Freud antes e depois das grandes revoluções da ciência, da economia, dos povos.

Com eles, e não apenas com eles, o laicismo sai da dimensão do iluminismo cristão, do credo que se dissolve

♦ 134 ♦

CORO

na cultura e do bom senso que se eleva a credo e que fazia com que Goethe, pagão e iluminista, reconhecesse o mérito fundamental do cristianismo em sua capacidade de conciliar-se com a dor, de justificar e absolver a dor, as dores da vida e a dor de morrer.

"Depois de então — diziam os maiores quando eram pequenos — o mundo nunca mais foi o mesmo." Depois de quando? Depois da Revolução francesa? Depois do telégrafo? Depois de Marx? Depois de Darwin? Depois de Nietzsche? Depois de Freud e Einstein, depois do comunismo e do nazismo? Depois do nuclear e do mundo dividido em dois? Em suma, depois da modernidade como nós a conhecemos neste dois séculos de fim de milênio? Dentro desta modernidade nova que chegou por último, que nos atrai e nos ultrapassa e, enquanto procura uma unidade mais profunda na medida da necessidade de unidade do mundo, multiplica análises e preceitos éticos, os cataloga e exibe em um supermercado moral virtual de religiões, exoterismos, salvacionismos, juridicismos, psicoterapias, psicofármacos.

Na carta de Martini dois planos se entrelaçam: um plano da teoria ética que fornece as justificativas para a ação, outro dos comportamentos práticos que derivam da aplicação da teoria. No que se reflete ao primeiro nível, é verdade que muitas éticas religiosas têm em comum o apelo ao "Mistério transcendente como fundamento de um agir moral" e a ideia de que a norma

♦ 135 ♦

moral derivada deste mistério tem um valor absoluto. Por outro lado, não é verdade que a ideia do vínculo incondicionado que a norma moral nos impõe é característica da ética religiosa, pois a ética kantiana (os imperativos) e, mais em geral, as éticas naturalistas (por exemplo, dos direitos naturais da pessoa) afirmam igualmente a não negociabilidade dos preceitos morais. Do ponto de vista da derivação a partir de princípios absolutos o discrime não é tanto entre presença ou não de um elemento transcendente na proposta ética, mas mais precisamente entre uma ética produto e projeto do homem e uma *ética derivada, independente do homem e inscrita na natureza das coisas ou nos desígnios divinos*.

Que seja esta a distinção essencial decorre da observação do segundo nível, o dos comportamentos práticos que descendem das normas morais. As éticas que derivam os preceitos do mistério da transcendência são, de fato, diversas entre si. Certamente não são típicos desta ética "o altruísmo, a sinceridade, a justiça, o respeito pelos outros, o perdão dos inimigos" enquanto tais. Nossa época conhece por experiência direta a falta de respeito pelos outros própria dos comportamentos ditos fundamentalistas, frequentemente invocados abertamente por algumas das religiões transcendentes; o "perdão aos inimigos" também não é ensinado e praticado por todas as religiões. É verdade que o cristianismo, em tempos contemporâneos, acabou por apoiar e praticar tais ensinamentos evangélicos, mas também é verdade que isto não está inscrito em seu código genético, como nos recorda sombriamente a sua história. Por outro lado, éticas desprovidas de transcendência, mas ligadas a alguns valores mundanos afirmados de maneira absoluta, demonstraram ainda menos respeito pela humanidade: basta pensar nas éticas totalitárias da raça ou da luta de classe que infelicitaram nosso século.

O argumento de Martini cai, portanto, por terra. Não deve causar espécie o fato de "que existam tantas pessoas que agem de maneira eticamente correta e que muitas vezes realizam atos de elevado altruísmo sem ter, ou sem perceber que têm, um fundamento transcendente para seu agir". Ao contrário, talvez seja a falta de valores morais absolutos, inegociáveis e que, por isso, têm que ser observados incondicionalmente, a explicar a tolerância e a renúncia à sujeição do outro. Uma concepção moral "de visão mais ampla", a disposição de transigir e de acolher em seu próprio universo de valores parte dos valores do outro — ou pelo menos de não recusá-los "a qualquer custo" — pode ajudar a banir os excessos nos comportamentos e tornar menos difícil a convivência entre comunidades que fazem apelo a sistemas diversos de valor. (Nem a reciprocidade pode ser um valor absoluto. Quem não se recorda do aforismo de Bernard Shaw: "Não faça aos outros aquilo que gostarias que fizessem a ti. Eles poderiam não ter o mesmo gosto.") Ironias à parte, aconteceu-me, na experiência política concreta, de rejeitar o princípio de reciprocidade em nome de um princípio de maior, e gratuita, abertura, rejeitando assim a tese daqueles que, discutindo as leis de emigração, estavam dispostos a reconhecer certos direitos aos estrangeiros (por exemplo, o de constituir cooperativas de trabalho ou de inscrever-se em associações profissionais) apenas se provenientes de países que reconhecessem direitos análogos aos residentes italiano.

Não é, portanto, a pregação sem limites de valores absolutos, nem mesmo o da reciprocidade, o melhor fundamento do agir moral. Um valor moral não é mais elevado e digno de veneração quanto mais se conservar íntegro e imutável. É antes, ao contrário, a emergência no seio do cristianismo do humanismo liberal e depois, definitivamente, a exposição a esta ética da tolerância e do compromisso, da parcial e sempre trabalhosa negociabilidade dos valores da ética liberal (ou melhor, de uma característica que essa, na verdade, tem em comum com algumas éticas religiosas, como o budismo, por exemplo) que induziu, progressivamente, o cristianismo a renunciar ao projeto de evangelização forçada da humanidade inteira, perseguido durante muitos séculos. É de se esperar que esta mesma exposição possa ter o mesmo efeito sobre outras éticas religiosas que, até hoje, não renunciaram a perseguir, de maneiras

CORO

várias, o predomínio das consciências. Observo que o termo *tolerância* (embora seja familiar a outras visões éticas emergentes na Igreja católica) está ausente na carta de Martini e isto pode explicar seu estupor diante do agir bem de uma parte dos leigos, assim como seu esquecimento dos malfeitos de uma parte dos crentes.

A ideia liberal da tolerância afirma o princípio de uma possível convivência com aquilo que não é compartilhado. É um conceito moral flexível, mas não frouxo: exprime a ideia do reconhecimento da existência e da legitimidade da diversidade, mas também do sofrimento por sua presença; um sofrimento que induz à resistência, mas de uma maneira contida e *dentro de certos limites*. Por esta sua intrínseca capacidade de modular os comportamentos dos homens, ela é estranha ao mundo sem nuanças da obrigação moral absoluta e desprovida de mediações.

Além disso, a tolerância é resultado de uma deliberada escolha humana. Nada exclui que esteja inscrita na natureza ou em um desígnio divino, desde que deixe aos homens uma substancial liberdade de escolha. Mas por que os homens deveriam ser tolerantes? Diversamente da solidariedade, que exprime um compromisso que pode também não ter mediações, ao qual se adapta, como diz Martini, o princípio de "valor absoluto do outro"; a tolerância, à qual é intrínseca a ideia de "medida", exprime o resultado de um cálculo entre os

♦ 139 ♦

EM QUE CREEM OS QUE NÃO CREEM?

sofrimentos atuais que ela impõe e o balanço das consequências futuras positivas e negativas.

O cálculo moral (que, além do mais, não é de fato estranho à ética cristã, como testemunham Tomás de Aquino, Thomas Moore e Blaise Pascal) supõe que os comportamentos, e com eles a ordem social e civil, dependem da vontade e da racionalidade dos homens. Depois de ter avaliado as oportunidades e vínculos oferecidos pelos contextos histórico-sociais, os homens distinguem as normas que oferecem maiores probabilidades de conseguir níveis adequados de qualidade de vida (liberdade, bem-estar, justiça, equidade de tratamento etc.). Esta concepção da moral que o homem constrói gradualmente, por acerto e erro, certamente não como uma manufatura industrial, mas antes como uma linguagem, como forma e ordem aperfeiçoáveis pelo ser social, parece ser capaz de dar conta das mudanças produzidas na consciência dos homens pela exposição a inéditas condições de vida e a diversos sistemas de valor.

Pelo fato de renunciar a uma verdade moral absoluta e imutável, a ética da tolerância pode colher melhor as oportunidades, mas nem por isso está isenta de risco e problemas. A renúncia à pretensão de arrancar qualquer iniciativa da página e da moral da tutela de valores absolutos (logo, não negociáveis), impõe o ônus de retirar da interação entre as condições histórico-sociais

◆ 140 ◆

CORO

e a consciência humana o sistema de valores, a ordem de prioridades a ser aplicada e seus constantes aperfeiçoamentos e adaptações. Esta é uma tarefa que se renova continuamente e continuamente exige o impulso intelectual e moral de um novo iluminismo cristão que esclareça com maior energia as relações entre o homem e o mundo moderno que muitos hoje consideram, com razão, bastante equívocas e confusas. Todavia, é evidente que princípios práticos de prudência, tolerância, cálculo das oportunidades, contenção dos conflitos podem guiar a progressiva, parcial, dolorosa renúncia à intangibilidade de nossos princípios morais — que é necessária para a nova convivência humana, em escala planetária, entre religiões, entre crentes e não crentes — mais do que o apelo explícito a um mistério e a uma metafísica transcendente. Nem o apelo rígido a tradições rigidamente interpretadas, nem a exaltação acrítica das oportunidades atuais, nem a ética pré-moderna do ditado moral imutável, nem a sedução pós-moderna da evolução espontânea da relação entre homem e natureza podem eximir "os modernos" desta responsabilidade.

fevereiro de 1996

III

Retomada

MAS A ÉTICA PRECISA DA VERDADE

de Carlo Maria Martini

As intervenções sobre a interrogação "em que acredita quem não crê?", incisivamente elaborada pela redação de *liberal* (com o risco de uma interpretação um pouco redutiva do problema colocado por mim), foram numerosas e importantes. Pessoalmente estou contente que tenha dado ensejo a uma discussão sobre os fundamentos da ética. Era necessário, para todos.

Agora, a revista me convida a empunhar novamente a pena e, depois de algumas incertezas, pensei em não dizer não. Não se deve esperar, com certeza, uma "resposta" pontual e articulada. Seria preciso bem mais do que algumas páginas e talvez nem seja isso o realmente necessário. Gostaria, porém, de pelo menos exprimir a atenção com que li as contribuições de Emanuele Severino, Manlio Sgalambro, Eugenio Scalfari, Indro Montanelli, Vittorio Foa, Claudio Martelli. Estou contente por ter dado e recebido material e estímulos para pensar e dialogar. Vou me limitar, aqui, a explicar melhor o que havia por trás de minhas palavras.

Como premissa, gostaria de invocar a sincera intenção dialógica de minha intervenção. Não pretendia "ensinar", nem "dissertar" ou "polemizar", mas antes de tudo interrogar, e interrogar para saber, para entender como um leigo fundamenta teoricamente o absolutismo de seus princípios morais. Percebi em algumas respostas (mais, na verdade, naquelas que apareceram aqui e ali na imprensa do que nas seis intervenções) alguma veia polêmica e algum esforço de "apologética laica". Percebi também uma certa facilidade para simplificar a doutrina e a tradição cristãs em relação à ética, com sínteses nas quais não leio meu pensamento. Por isso, tive vontade de despender algumas palavras mais.

De fato, sou grato àqueles que intervieram no debate pelo estímulo a uma reflexão conjunta sobre o senso de dever, sobre a pureza da vida moral, sobre os ideais éticos que, de algum modo, todos sentimos ou nos quais gostaríamos de buscar inspiração. E isto a partir da interrogação da qual partia minha carta a Eco: se a ética fosse apenas um elemento útil para regular a vida social, como seria possível justificar imperativos éticos absolutos quando é tão mais cômodo abrir mão deles? E ainda: o que fundamenta a dignidade humana se não a existência de uma abertura para alguma coisa mais alta e maior do que nós?

◆ 146 ◆

RETOMADA

Primeiramente, gostaria de observar que, apesar da grande e desconcertante variedade das posições, quase todas as respostas distinguem na ética um elemento próprio do homem, alguma coisa com base na qual ele é tal. Os homens não esperaram o cristianismo para ter uma ética e para colocar problemas morais: sinal de que a ética estabelece um elemento essencial do humano, que envolve a todos. Nela, seja laica ou transcendente, emerge uma esfera fundamental do significado da vida, em que se destaca o senso do limite, da interrogação, da espera, do bem.

Justamente este último termo, o "bem", merece uma consideração mais atenta, mesmo porque várias intervenções consideraram a responsabilidade em relação ao vulto do outro como um "bem", uma escolha moral boa.

Convidarei então a uma reflexão sobre a dialética que é intrínseca àquela que é chamada de escolha moral boa, sobre o movimento interior no qual tem origem um ato livre tão determinado. Isso pode acontecer em qualquer momento da vida: cada ato livre é sempre primeiro, original, imprevisível. O que está implicado neste ato, por exemplo na decisão de não dizer uma mentira porque é mal e dizer a verdade porque é bem? Ele comporta a ideia do bem como retidão, como integridade e beleza e não como algo de simplesmente útil. Nele está implicado o sentido da vida, a divisão entre o que é o bem e o que é mal e a existência de uma ordem do bem e do mal.

◆ *147* ◆

EM QUE CREEM OS QUE NÃO CREEM?

Em tal movimento, que pode até ser inconsciente e mesmo estar em desacordo com nosso sistema de conceitos, leio um direcionamento para o bem subsistente. Posso observar que assim torna-se menos árduo dar conta do surpreendente e não raro desequilíbrio entre teorias morais insuficientes e comportamento moral positivo, pois a justeza dos comportamentos morais não é medida, em primeiro lugar, por um esquema de conceitos, mas pela orientação da vontade e por sua retidão. Podem escolher o bem até mesmo aqueles que não o percebem em teoria ou o negam. Um ato bom, realizado por que é bom, veicula uma afirmação de transcendência. "Se Deus não existe, tudo é permitido", observou Dostoievski. Palavras vãs? Mas até Sartre admite, mesmo de um ponto de vista ateu: "Com Deus desaparece qualquer possibilidade de reencontrar valores em um céu inteligível; não pode mais existir um bem *a priori*, pois não há nenhuma consciência infinita e perfeita para pensá-lo; não está escrito em parte nenhuma que o bem existe, que é preciso ser honesto, que não se deve mentir" (O *existencialismo é um humanismo*).

Se adequadamente explorado, este itinerário de reflexão acaba por indicar que a moral não regula apenas as relações interpessoais e inclui uma dimensão transcendente. Ainda que por outros caminhos, encontro aqui um pensamento, ao qual Umberto Eco deu voz: uma ética natural pode se encontrar com a ética veiculada pela revelação bíblica, na medida em que já na primeira está incluído um caminho ou uma referência à transcendência e não apenas à face do outro. Na experiência moral humana destaca-se uma voz que apela, a "voz da consciência", que é imanente a cada homem e que estabelece a condição primeira para que um diálogo moral seja possível entre homens de raças, culturas e convicções diversas.

Os recursos da ética são, portanto, maiores do que se pensa. Mas é preciso demorar-se de modo atento e paciente em torno à experiência moral humana, evitando qualquer solução precipitada. Talvez uma maneira "impaciente" de pensar a moral aflore em algumas das intervenções citadas, em que a experiência moral é relacionada fundamentalmente com a vida corpórea e o instinto. Parece-me, todavia, impossível distinguir em Antígona uma moral brotando do instinto de sobrevivência da espécie quando esta decide ir livremente ao encontro da morte para obedecer a leis não escritas, superiores às da cidade. Outros, em suas intervenções, tendem a desfigurar a ética, considerando que a tradição a situe ao lado da técnica. Se esta última produz, transforma, manipula e pode ser pilotada pela vontade de potência, a ética se move, ao contrário, no horizonte da liberdade e visa a realização da pessoa.

Quem quer fundamentar a moral no instinto de sobrevivência da espécie, a concebe relativa e mutável.

♦ *149* ♦

EM QUE CREEM OS QUE NÃO CREEM?

É verdade que mudam as circunstâncias, mas não mudam os comportamentos de fundo. Se reflito sobre o conteúdo moral essencial e sobre seus valores centrais, efetivamente não os vejo mudando com o tempo, não considero que o código fundamental da moralidade humana, contido no Decálogo, esteja sujeito a revisão. Não vislumbro que matar, roubar, mentir possam se tornar recomendáveis em si mesmos ou dependentes de nossas determinações contratuais. Isso é bem diverso de perguntar se em tal circunstância uma determinada ação cai nesta ou naquela categoria. Há muitas incertezas morais sobre ações particulares, muitas oscilações concretas de juízo sobre os fatos: mas isso não quer dizer que seja admissível decretar amanhã que é melhor sermos desleais, desonestos, irresponsáveis.

Fiz uma observação sobre a extrema variedade das respostas das seis intervenções, o que constitui um fato sobre o qual meditar, pois distingue uma situação muito controversa e até mesmo confusa da reflexão teórica sobre a moral. Isto diz respeito também ao ambiente dos crentes, onde até agora parece prevalecer uma compreensão quase que exclusivamente kantiana, ou seja coerciva, da ética, em que o acento recai exclusivamente no dever. Também eu, em minha intervenção precedente, havia falado de princípios da ética e de imperativos universalmente válidos. Mas não gostaria de ser mal compreendido, como se quisesse acentuar apenas aquilo

◆ *150* ◆

RETOMADA

que é obrigatório, aquilo que é forçoso fazer ou não fazer. De fato, evoquei, para começar o discurso, um aspecto da moral, o aspecto deontológico e impositivo. Mas o ético não se resume a isso: seu elemento mais fascinante é conduzir o homem a uma vida boa e satisfatória, à plenitude de uma liberdade responsável. Os imperativos éticos, pétreos, duros, esmagam a vontade malévola guiando a vontade positiva de fazer o bem para uma espontaneidade mais elevada.

A leitura das contribuições já antes recordadas levou-me a uma última reflexão. Convencido de que a ética totaliza a experiência humana, gostaria, por um momento, de um distanciamento em relação a ela. O processo do ateísmo moderno deixado, hoje em dia, pelo menos em parte, para trás, foi preparado e acompanhado (talvez, em certos aspectos, também nos crentes), por uma degradação da ideia de Deus. Deus foi pensado como relojoeiro do universo, grande ser simbolizado apenas pela potência, imenso e onívoro Leviatã, como inimigo do homem, até mesmo um demiurgo malévolo e assim por diante. Mas a crítica da religião é louvável se purifica a ideia de Deus de quedas e antropomorfismos, não se a empobrece e degrada em relação à pureza que se reconhece na revelação bíblica lida em sua inteireza.

Parece-me, portanto, que também no não crente deve desenrolar-se uma luta difícil para não reduzir o Deus no qual não se acredita a um ídolo revestido de atributos impróprios. Pergunta-se que coisa podem ter em comum o Deus bíblico que está ao lado do homem e é um "Deus para o homem" e o "deus" de quem se diz que é a própria morte e que nada tem a partilhar com o bem (cf. a intervenção de Sgalambro). Talvez fosse útil retomar o Salmo 23: "O Senhor é meu pastor, nada me faltará; em pastagens relvosas me faz repousar; a águas tranquilas me conduzirá!"

Scalfari acerta parcialmente o alvo ao advertir uma evolução (ou "involução") de pensamento também na cultura católica, que tende a priviligiar apenas a ética. Sozinha, contudo, esta é frágil e deve ser sustentada pelo sentido último e pela verdade abrangente. A verdade cura aquela fragilidade do bem que experimentamos constantemente. Não estaria, portanto, exprimindo minhas convicções até o fundo se não dissesse que uma certa produção de asserções apodícticas (a já assinalada separação entre Deus e bem ou a oposição arbitrariamente levantada entre casualidade e causalidade etc.) deixam entrever uma crise do sentido de verdadeiro. Se me interrogo como homem, não posso deixar de reconhecer a centralidade e o caráter determinante da experiência moral em minha vida. E quase ninguém contesta que, hoje, mesmo os não crentes parecem, em geral, propensos a tecer o elogio da ética.

Mas a ética sozinha é suficiente? Constitui o horizonte único do sentido da vida e do verdadeiro? Parece

RETOMADA

empreendimento inútil fundar o ético apenas em si mesmo, sem remissão ou ligação com um horizonte global e, portanto, com o tema da vida. Mas qual é a essência do verdadeiro? Pilatos fez a pergunta a Jesus, mas não esperou a resposta porque tinha pressa e talvez também porque não estivesse realmente interessado no problema. A questão da ética remete ao problema da verdade; talvez este seja um sinal das sérias dificuldades que assolam o pensamento contemporâneo, exatamente por afirmar que nada pode ser fundamentado e tudo pode ser criticado.

Em que crê quem não crê? É preciso pelo menos crer na vida, em uma promessa de vida para os jovens, não raro enganados por uma cultura que os convida, pretextando liberdade, a todo tipo de experiência que pode depois concluir-se em derrota, desespero, morte, dor. Faz pensar o fato de que em muitas intervenções esteja ausente a interrogação sobre o enigma do mal; e isto só se acentua na medida em que podemos considerar que vivemos em uma época que conheceu as mais terríveis manifestações da maldade. Um certo clima de otimismo fácil, segundo o qual as coisas se arranjam mais ou menos sozinhas, não apenas mascara a dramaticidade da presença do mal, mas apaga também o sentido de que a vida moral é luta, combate, tensão agonística; de que a paz só se alcança ao preço do dilaceramento sofrido e superado.

EM QUE CREEM OS QUE NÃO CREEM?

Por isso pergunto-me se ideias inadequadas sobre o mal não estariam ligadas a ideias insuficientes sobre o bem; se o iluminismo não estaria falhando ao não perceber ou ao menosprezar o elemento dramático inerente à vida ética.

março de 1996

ÍNDICE

Agostinho de Tagasta, S., 11, 12, 16, 32, 51, 66, 67, 121

Bayle, Pierre, 129

Calvino, João, 121, 133

D'Holbach, Paul Henri Thiry, 128

Darwin, Charles, 135

Descartes, René, 128

Dostoievski, Fedor Mikhailovitch, 148

Eckhart, Johannes, 108

Einstein, Albert, 135

Fichte, Johann Gottlieb, 101

Freud, Sigmund, 134, 135

Galilei, Galileu, 130

Goethe, Johann Wolfgang von, 135

Gramsci, Antonio, 17

Hegel, Georg Wilhelm Friedrich, 16, 101

Helvetius, Claude-Adrien, 128

Hume, David, 128

João Batista, S., 14, 16, 21, 38

João Paulo I, 50

João Paulo II, 58

João XXIII, 85

Kant, Immanuel, 129, 133, 134

Küng, Hans, 72, 101

La Place, Pierre Simon, 129

Leopardi, Giacomo, 100

Levi della Vida, Giorgio, 121

Lévi-Strauss, Claude, 11

Levinas, Emmanuel, 41

Lutero, Martinho, 121

Mancini, Italo, 41

Marcos, S., 24

EM QUE CREEM OS QUE NÃO CREEM?

Maritain, Jacques, 11
Marx, Karl, 16, 134, 135
Mateus, S., 19, 37
Maximilla, 49
Memel-Fote, Harris, 30
Moore, Thomas, 140
Mounier, Emmanuel, 17
Nero, 120
Newton, Isaac, 129, 133
Nietzsche, Friedrich Wilhelm, 134, 135
Novella d'Andrea, 54
Paulo de Tarso, S., 47, 52, 73, 121
Pascal, Blaise, 140
Pilatos, Pôncio, 153

Prezzolini, Giuseppe, 121
Priscilla, 49
Rousseau, Jean-Jacques, 129
Sartre, Jean-Paul, 148
Sêneca, Lucius Annaeus, 120
Shaw, George Bernard, 137
Spinoza, Baruch, 87, 106
Stendhal, 54
Teilhard de Chardin, Pierre, 16-17
Tertuliano, Quintus Septimius, 32
Tomás de Aquino, S., 31, 32, 39, 50, 51, 52, 53, 54, 61, 64, 66, 100, 101, 140
Voltaire, 129, 133, 134

Este livro foi composto na tipografia Venetian 301
BT, em corpo 14/16, e impresso em papel
off-white no Sistema Digital Instant Duplex
da Divisão Gráfica da Distribuidora Record.